Bernd F. Meier

Mal raus aus dem Rheinland

Die 12 schönsten Kurztrips für das Wochenende

J.P. BACHEM VERLAG

Impressum

Die Adressen und Angaben im Serviceteil des Buchs wurden vom Autor sorgfältig recherchiert und vom Verlag geprüft. Wir bitten um Verständnis, dass Verlag und Autor keine Garantie für die Richtigkeit der Angaben übernehmen können. Für Korrekturhinweise sind wir sehr dankbar.

Bibliografische Information der Deutschen Nationalbibliothek
Die Deutsche Nationalbibliothek verzeichnet diese Publikation in der Deutschen Nationalbibliografie; detaillierte bibliografische Daten sind im Internet über **http://dnb.dnb.de** abrufbar.

1. Auflage 2017

Einbandgestaltung: Cindy Kinze, Köln,
unter Verwendung von Fotolia/tirachard und Fotolia/ug
Layout und Illustrationen: Cindy Kinze, Köln
Lektorat: Frauke Severit, Berlin
Kartengrundlagen: Outdooractive Kartografie
Geoinformationen © Outdooractive, Deutschland: © GeoBasis-DE / BKG 2017
übrige Länder: © OpenStreetMap (ODbL) – Mitwirkende
(www.openstreetmap.org/copyright)
Druck: Grafisches Centrum Cuno, Calbe
Printed in Germany

ISBN 978-3-7616-3167-6 Buchausgabe
ISBN 978-3-7616-3249-9 EPUB
ISBN 978-3-7616-3250-5 PDF
ISBN 978-3-7616-3251-2 MOBI

Aktuelle Programminformationen finden Sie unter
www.bachem.de/verlag

Auch als eBook erhältlich

MIX
Papier aus verantwortungsvollen Quellen
FSC® C043106
www.fsc.org

INHALTSVERZEICHNIS

VORWORT

Wir reisen ins Wochenende. Nicht mit dem Billigflieger nach Barcelona, Mailand, Venedig, Oslo oder London zum Preis einer Taxifahrt. Nein, wir reisen zu den Nachbarn von Nordrhein-Westfalen mit dem Auto oder – wo es sinnvoll ist – mit dem Zug am Freitagnachmittag ins Wochenende. „Mal raus aus dem Rheinland" haben wir dieses Buch daher genannt. Wir folgen damit dem Wunsch vieler Kurzurlauber und einem Trend, der sich in dieser Zeit immer stärker ausprägt – mehrfach im Jahr zu verreisen. Mehr als drei Viertel aller Kurzurlaubsreisen führten 2015/16 ins Inland, die Natur zu erleben stand dabei im Vordergrund. Das ergibt sich aus den Umfragen von NRW-Tourismus. Maximal 400 Kilometer Anfahrt werden bei bis zu drei Übernachtungen in Kauf genommen. Das zeigte im November 2016 eine Studie von Eurotours International/Deutsche Post DHL Group.

Zu Hause ist auch schön, so betitelt folgerichtig Barbara Schönebergers Frauenmagazin seine Schwerpunktausgabe zum Thema Heimat. Heimat – das ist ein Gefühl, das sind die Klänge von Glocken, das sind die Gerüche der Landschaft und nicht zuletzt die Menschen, denen wir bei unseren Reisen begegnen.

Das Buch präsentiert zwölf Reiseziele, die sich vom Rheinland aus in einer bis drei Stunden erreichen lassen: im Norden das Land entlang der Ems, im Süden die felsige Landschaft des Luxemburger Müllerthals. In der globalen Welt des Reisens erleben wir die Ruhe von Moorpfaden im Emsland, die Abgeschiedenheit auf einer Festungsinsel bei Hannover, fiktive Tatorte im

Krimiland der südlichen Eifel, einen alpinen Pfad zum Weltende im Westerwald, die hinterste Ecke Hollands mit überraschenden Ausblicken auf rosafarbene Flamingos. Wir sehen Skulpturenkunst von Weltrang im Einklang mit der Natur, in Corvey Baukunst des frühen Mittelalters, die als UNESCO-Welterbe geadelt wurde, und sind im quirligen Maastricht unterwegs.

Viele Tipps zu Ausflugszielen sind aufgeführt, eine Auswahl an Hotels, Restaurants und ungewöhnlichen Übernachtungsorten ergänzt die Informationen. Pensionären rate ich zu DI-MI-DO-Reisen, also die Tage zwischen Dienstag und Donnerstag zu nutzen. Dann ist es in Museen und Ausstellungen ruhiger als am Wochenende, Wanderpfade lassen sich in der Stille erleben, Touristenziele sind weniger frequentiert.

Ich möchte Sie einladen zu interessanten Reisen rund um das Rheinland. Reisen, die ich in den zurückliegenden Monaten zusammen mit meiner Frau Christine unternommen habe. Nicht alles konnte in den jeweiligen Kapiteln erwähnt werden, Vielfalt zeichnet alle zwölf Wochenendziele aus. Einiges habe ich ausgewählt, als „Gebrauchsanleitung" für Ihre schönsten Wochenendreisen.

Reisen Sie einfach los, nicht zum nächsten Flughafen, sondern zu interessanten Entdeckungen und bleibenden Eindrücken, schließen Sie neue Freundschaften mit Land und Leuten, das wünscht Ihnen

Bernd Meier

Das Emsland

Blumen, Schiffe und eine Festung

Das Emsland bietet kulturelle Edelsteine, Highlights für Technikfreaks und außergewöhnliche Natur. 100 Kilometer lang bis Papenburg, am dicken Bauch 60 Kilometer breit, links und rechts der Ems. Kein großer Strom, sondern ein stiller Fluss nur, kurvig und von schlanken Pappelreihen begleitet.

Anfahrt

Mit dem Auto immer nach Norden, ab Bottrop bringt uns die A 31, auch „Ostfriesenspieß" genannt, schnurgerade ins Emsland.

FREITAGNACHMITTAG

Alles so schön bunt hier – so könnte das Motto für das Blumenparadies Emsflower in Emsbüren lauten. Auf unserer Fahrt nach Norden haben wir hier einen Zwischenstopp eingelegt und sind überrascht von der Größe des Betriebes, der mehr einer Blütenfabrik als einer Gärtnerei gleicht. Zahlen verdeutlichen die Größe: Jährlich werden bis zu 500 Millionen Pflanzen produziert. Ausschließlich Beet- und Balkonpflanzen wachsen heran, so beispielsweise Stiefmütterchen, Geranien, Primeln und Weihnachtssterne. Die Glasfläche der Gewächshäuser umfasst etwa 750.000 Quadratmeter. Das sind 75 Hektar oder mehr als 105 Fußballfelder. Seit 2004 ist Emsflower – ein Familienbetrieb niederländischer Eigentümer – in Emsbüren. Entstanden ist der Blumenriese aus der Gärtnerei der Familie Kuipers in De Lutte bei Hengelo. Neben den Schaugewächshäusern und der Pflanzenproduktion kann auch ein tropisches Schmetterlingshaus besichtigt werden. Bei unserem 90-minütigen Rundgang durch die gesamte Anlage erfahren wir, dass Emsflower heute vor allem Super- und Baumärkte in halb Europa beliefert – von Polen bis Italien. Bis zu 350 Beschäftigte hegen und pflegen die Blumenpracht und verpacken die Pflanzen zum Versand per Lkw, wie von einer Besuchergalerie aus zu beobachten ist.

Blütenpracht unter Glas: Emsflower in Emsbüren

Infos

Emsflower Erlebnispark
Carl-von-Linné-Straße 1, 48488 Emsbüren, A 31 Ausfahrt 26, Tel. 05903/93 55 30, www.emsflower.de
Öffnungszeiten: tägl. 10–18 Uhr
Eintritt: Erwachsene 8,50 €, Kinder 4,50 €, Führungen für Gruppen ab 15 Personen nur nach Anmeldung

Links Barocke Schönheit: Schloss Clemenswerth in Sögel

FREITAGABEND

Mit vielen farbigen Eindrücken verlassen wir Emsflower, fahren auf der A 31 weiter nach Norden, wo die Landschaft immer flacher und einsamer wird. Windräder drehen sich rechts und links der Autobahn und scheinbar endlose Moore reichen bis zum Horizont. Wir verlassen die Autobahn (Ausfahrt 25), kommen über die B 213 nach Lingen – im Jahr 975 erstmals als Linga erwähnt, Stadt vieler Herren und Herrscher in all den Jahrhunderten, von Fürstbischöfen, Oraniern und Preußen, im 17. Jahrhundert Universitätsstadt, weitläufig zeigt sich heute dessen Marktplatz, kündet von großer Vergangenheit. Wir bummeln abends vorbei am historischen Rathaus mit dem Treppengiebel aus dem 15. Jahrhundert, dem Fachwerk der Alten Posthalterei von 1653, den Fassaden stolzer Bürgerhäuser. Keine Kreisstadt mehr – vom zentralen Meppen wird heute das Emsland verwaltet –, aber seit 2000 wieder Hochschulstandort. Wo vor 100 Jahren Arbeiter im Eisenbahnausbesserungswerk Lokomotiven und Waggons reparierten, büffeln heute Studenten fürs Examen.

LINGEN ZU FUß ENTDECKEN

„Gräber, Gruften, Grünanlagen“ – „Auf den Spuren der Oranier“ – „Lingen als Eisenbahnerstadt“, so heißen einige der Themenführungen, mit denen Gäste die etwas mehr als 53.000 Einwohner zählende Ems-Stadt erkunden.

www.tourismus-lingen.de

Alles gelb: blühende Rapsfelder an der Ems

Die Nacht verbringen wir in einem der eleganten Themenzimmer des neuen Burghotel, das sich hinter der Fassade eines denkmalgeschützten Kaufmannshauses aus dem Jahre 1888 verbirgt. Dort wollen wir uns auch das Abendessen schmecken lassen. Wer es gern rustikaler möchte, wählt das Kanucamp – übernachtet wird in urigen Blockhütten (Schlafsack und Kopfkissen mitbringen!) oder gleich im eigenen mitgeführten Zelt. Es gibt Grillabende, Lagerfeuer und Stellplätze für Wohnmobile. Und natürlich werden auch Kanus für eine Tour auf der Ems verliehen.

1 Hübscher Rastplatz, bei Meppen an der Ems **2** Wahrzeichen: Rathaus in Lingen **3** Mit Wind und Wasser bewegt: die Hüvener Mühle in Sögel

Übernachtungstipps

Burghotel Lingen
Burgstraße 22, 49808 Lingen
Tel. 0591/96 49 49-0
www.burghotel-lingen.de

Kanucamp Lingen
Nordhorner Straße 1b, 49808 Lingen
Tel. 0591/83 12 14
www.kanucamp-lingen.de

SAMSTAGVORMITTAG

Raus aus den Federn, rein ins Moor und über Landstraßen von Lingen nach Wietmarschen zum Emsland Moormuseum in Geeste-Groß Hesepe. Die Ausstellung beleuchtet die Besiedlung des Bourtanger Moores und die Bedeutung von Torf. Wir erkennen, wie hart und entbehrungsreich das Leben der Emsland-Pioniere einst war. „Dem Ersten sein Tod, dem Zweiten seine Not, dem Dritten sein Brot (Den Ersten sien Dod, den Twedden sien Not, den Dridden sien Brot)", so hieß es früher mal in der Gegend, wo sich Fuchs und Hase sprichwörtlich Gute Nacht sagen. Ein rundes Dutzend Großmaschinen, wie etwa der riesige Ottomeyer-Dampfpflug, mit dem noch bis in die 1970er-Jahre das Moorland in Ackerland verwandelt wurde, beeindruckt uns beim Rundgang. „Viele Maschinen wurden hier im Emsland gebaut und waren auch nur hier im Einsatz. Für das Museum wurden sie für immer vor der Schrottpresse gerettet", erzählt Ansgar Becker von der Museumsleitung.

BOURTANGER MOOR

Mit einer Fläche von 1.200 Quadratkilometern – das entspricht in etwa der Größe des heutigen New York – war das Bourtanger Moor diesseits und jenseits der deutsch-niederländischen Grenze einstmals das größte zusammenhängende Hochmoor in Europa. Es entstand etwa um 10.000 v. Chr. und wuchs pro Jahr um rund einen Millimeter. An einigen Stellen wird Torf auch heute noch industriell abgebaut. In Zusammenarbeit mit den Niederlanden wurde im Sommer 2006 der Internationale Naturpark Bourtanger Moor-Bargerveen grenzübergreifend geschaffen. Für Besucher erschließt sich das riesige Gebiet durch sogenannte Moorpforten, von Aussichtsplattformen, Rundwanderwegen sowie über Erlebnis- und Infopfade. „Was für eine Ruhe, was für eine Ferne, was für eine Ruhe in dieser Natur", notierte Malergenie Vincent van Gogh, der 1883 einige Monate in Veenoord im Westen des Moores lebte.

www.naturpark-moor.de

1

2

3

1 In Twist: Wege führen ins Moor.
2 Natur pur: Wollgras und Moortümpel
3 Technik: Dampfpflug im Moormuseum

Wir nehmen uns Zeit, steigen am Moormuseum aufs Fahrrad (hatten wir im Tourismusbüro vorbestellt) und strampeln über den rund elf Kilometer langen „Moor-Energie-Erlebnispfad" auf den Spuren des „Schwarzen Goldes" zum Erdöl-Erdgas-Museum Twist. An mehreren Stationen wird in anschaulicher Weise über Torfentstehung und -abbau, Erdöl- und Erdgasförderung, Renaturierung der Moore, Landwirtschaft, Tier- und Pflanzenwelt, Wald, nachwachsende Rohstoffe, erneuerbare Energien und Sonderkulturen informiert. Verena Schepers vom Internationalen Naturpark berichtet unterwegs: „Wir radeln mitten durch das Betriebsgelände, wo Torf abgebaut und Erdöl mit den auf und ab nickenden Pumpen gefördert wird." Aus Sicherheitsgründen heißt es für die Radler: Vorsicht, wenn die schmalen Schienen der Torfbahn überquert werden. Die Bahn hat Vorfahrt! Mit ihren Strecken durchs Moor befahren die kleinen Züge eines der größten zusammenhängenden Feldbahnstreckennetze in Deutschland.

Hungrig vom Radeln machen wir Mittagspause in Twist. Verschiedene Einkehrmöglichkeiten gibt es dort – vom einfachen Schnellimbiss bis zu einigen Restaurants.

ERDÖL – SCHWARZES GOLD IM EMSLAND

Seit den 1940er-Jahren wird im Emsland und in der benachbarten Grafschaft Bentheim Erdöl gefördert. 1948 stammte ein Viertel der einheimischen Förderung aus dem Emsland, 1950 war die Region größtes deutsches Fördergebiet des Schwarzen Goldes. Charakteristisch sind die Pferdekopfpumpen, auch „Ölnicker“ genannt. Sie stehen in Twist, Schöninghsdorf sowie in Emlichheim, Georgsdorf und Alte Piccardie in der benachbarten Grafschaft Bentheim. Mit der Erdölproduktion erlebte das Emsland, früher auch als „Armenhaus“ bezeichnet, einen bedeutenden wirtschaftlichen Aufschwung. Der Tourismus entwickelte sich spürbar ab dem Jahr 2000, nicht zuletzt durch die Autobahn A 31.

Radroute: Moor-Energie-Erlebnispfad

1 Pumpen, Ölnicker genannt
2 Fein speisen bei Backers

Infos

Emsland Moormuseum
Geestmoor 6, 49744 Geeste-Groß Hesepe
Tel. 05937/70 99 90, www.moormuseum.de
Öffnungszeiten im Sommer: Di–So, Feiertage 10–18 Uhr und nach Vereinbarung
Eintritt: Erwachsene 6 €, Familien 14 €

Erdöl-Erdgas-Museum Twist
Flensbergstraße 13, 49767 Twist
Tel. 05936/93 30-0 oder 93 30-82
www.erdoel-erdgas-museum-twist.de
Öffnungszeiten: Di–So 14–18 Uhr und nach Vereinbarung
Eintritt: Erwachsene 3 €, erm. 1 €

Moor-Energie-Erlebnispfad
Infos unter Emsland Touristik GmbH (siehe Seite 24)

Landgasthof Backers
Kirchstraße 25, 49767 Twist-Bült
Tel. 05936/90 47 70
www.gasthof-backers.de

SAMSTAGNACHMITTAG

Das Emsland – eine Landschaft voller Kontraste, mit viel Natur und auch Kultur. Wir wechseln von Twist mit dem Auto auf wenig befahrenen Straßen nach Sögel, kommen auf der B 70 und B 402 durch Meppen, das wir ein anderes Mal für ein Radtour-Wochenende besuchen werden. Fest versprochen!

Nichts los in Klein Berßen? Von wegen, das Örtchen weist an der träge dahinfließenden Nordradde mehrere Jahrtausende alte Hügelgräber (siehe „Zeugen der Steinzeit" Seite 25) auf, die auf unserer Wochenendreise einen Abstecher lohnen. Doch unser jetziges Ziel ist Schloss Clemenswerth in Sögel, zu Stein gewordenes Sinnbild der Jagdleidenschaft von Clemens August I. von Bayern (1723–1761), Kurfürst und Erzbischof von Köln, Resident auf Schloss Augustusburg im rheinischen Brühl. 1736 ließ der Herrscher die Schlossanlage vom westfälischen Barockbaumeister Johann Conrad Schlaun bauen. Zweigeschossig entstand der zentrale Prachtbau, umgeben von acht Pavillons, ziegelrot der Backstein, 250 Jahre alt der italienische Marmor. Nur alle drei Jahre ließ der Herrscher in der wildreichen Gegend zur Parforcejagd blasen. Wir nehmen einfach mal an – der Weg war ihm doch zu weit, von Brühl bis ins tiefe Emsland. Der Überlieferung nach bestand seine Jagdgesellschaft aus 200 Gästen. Nur 20 Auserwählte durften mit ihm gemeinsam im kleinen Hauptschlösschen speisen und feiern. Welch große Ehre!

CLEMENSWERTH UND DIE KAPUZINERMÖNCHE

Mit dem Bau des Jagdschlösschens holte Fürstbischof Clemens August 1741 auch Kapuzinermönche nach Sögel, die hier eine Missionsstation gründeten. Davon zeugt die barocke Schlosskapelle im Ensemble der acht Pavillons. Das Gotteshaus wird manchmal auch als nördlichste bayerische Rokokokapelle bezeichnet, da ihre reiche Ausgestaltung an prunkvolle Kirchen in Bayern erinnert. Das Kapuzinerkloster bestand bis zur Aufhebung durch das Dekret Napoleons vom November 1812. Seit August 1945 verrichten wieder Kapuziner auf dem Schloss ihren Dienst und sind seelsorgerisch tätig.

www.clemenswerth.de

Backstein-Barock: Schloss Clemenswerth

Weiter geht unsere abwechslungsreiche Wochenendreise. Und erneut ändert die Landschaft ihr Gesicht. Nach Sögel und Schloss Clemenswerth, eingebettet in einen 43 Hektar großen Park, wird das Land nun grün, wasserreich und ganz platt. Schnurgerade ziehen sich im Wilden Moor von Börger über Surwold und Börgermoor die Landstraßen hin bis nach Papenburg, in dem wir den Rest des Wochenendes verbringen werden.

Infos

Emslandmuseum Schloss Clemenswerth

Clemenswerth 2, 49751 Sögel

Tel. 05952/93 23-25, www.clemenswerth.de

Öffnungszeiten: 1.–31. März Di–So 11–16 Uhr, mit begleiteter Besichtigung, 1. April–1. November Di–So 10–18 Uhr

Eintritt: Erwachsene 6 €, Familien 14 €

SAMSTAGABEND

„Untenende", so heißt in der Nähe der Ems der älteste Stadtteil Papenburgs, in dem sich die ersten Siedler niederließen. „Obenende" ist jünger, liegt landeinwärts am anderen Ende des Kanals, der die Stadt durchzieht. Noch viel älter als diese Siedlungsgeschichte ist Aschendorf, der südliche Stadtteil von Papenburg. Auf das Jahr 750 werden hier die ersten Siedlungsspuren datiert. Bedeutung erlangte das ehemals selbstständige Aschendorf um das Jahr 1730, als die Familie von Velen mit Gut Altenkamp einen imposanten Landsitz errichten ließ. Die barocke Gartenanlage (frei zugänglich) mit ihren 200 Jahre alten Bäumen lockt zahlreiche Gartenfreunde an. Das Herrenhaus selbst, in dem wechselnde Ausstellungen gezeigt werden, ist nur zu bestimmten Zeiten geöffnet.

Seine Prägung erhielt Papenburg als Schiffbauerstadt – 23 Werften gab es einstmals hier; sie bauten Torfkähne, als das moorige Land ab 1623 urbar gemacht wurde. Stadtgründer Droste Dietrich von Velen holte Kolonisten in die einsame Gegend: Sie zogen Entwässerungsgräben, legten das Moor trocken und stachen den Torf, der mit Holzkähnen abtransportiert wurde. Der Lohn für ihre harte Arbeit waren ein Stück Land in Erbpacht und steuerliche Vergünstigungen. Noch heute wird Papenburgs Stadtbild von Wassergräben und Kanälen bestimmt. 40 Kilometer sind es insgesamt, in der ältesten und auch längsten Fehnkolonie (Moorsiedlung) Deutschlands (siehe „Klappbrücken und Kanäle" Seite 25).

Bei einem längeren Aufenthalt in der rund 37.000 Einwohner zählenden Stadt sind die Ferienhäuser, etwa 500 Meter entfernt vom Papenburger Heimatmuseum, sicher eine gute Wahl. Wir hingegen entscheiden uns für die „Alte Werft". Das Hotel wurde 1995 in der Maschinenbauhalle eröffnet, in der die Meyer Werft von 1870 bis zum Firmenumzug 1975 Kompressoren fertigte. Wo es früher nach Öl und Schmierfett roch, duftet nun der Kaffee zum Frühstück. Der Laufkran mit dem riesigen Haken ruht unter dem Glasdach der Restaurants. Vom Hotel sind es nur wenige Minuten bis ins Stadtzentrum, das mit seinen Kanälen zum Abendbummel einlädt.

1 Landsitz Gut Altenkamp
2 Torfkahn in Papenburg

Infos

Gut Altenkamp
Am Altenkamp 1, 26871 Papenburg-Aschendorf
Tel. 04962/65 05, www.gut-altenkamp.de
Öffnungszeiten: bitte telefonisch erfragen
Eintritt: Erwachsene 5 €, erm. 3,50 €, Schüler 1,50 €

Übernachtungstipps

Alte Werft
Ölmühlenweg 1, 26871 Papenburg
Tel. 04961/92 00, www.hotel-alte-werft.de

Von-Velen-Anlage
Splitting rechts 56, 26871 Papenburg
Tel. 04961/747 25, www.von-velen-anlage.de

SONNTAGVORMITTAG

Superlative in Serie bietet Papenburg: Wir sind in der nördlichsten Stadt des Emslandes, im südlichsten Seehafen Deutschlands und werden eines der größten Trockendocks der Welt beim Besuch der Meyer Werft kennenlernen, in dem die größten Kreuzfahrtschiffe entstehen.
Gut, dass wir uns frühzeitig für die Gruppenführung angemeldet hatten. Denn so beliebt wie Kreuzfahrten heutzutage sind, so gefragt sind auch die öffentlichen Führungen auf der Meyer Werft.

Infos

Besucherzentrum Meyer Werft
Voranmeldung zur Werftbesichtigung nötig (Dauer etwa 2 Stunden). Tickets gibt es ausschließlich über Papenburg Marketing, Ölmühlenweg 21, 26871 Papenburg
Tel. 04961/83 96-0
www.papenburg-marketing.de
Kosten: Erwachsene 12,90 €, Kinder 7,50 €

„Ich grüße Sie mit einem Moin", ruft Guide Günther den Besuchern im Bus zu, der vom Rathaus hinüber zur Werft am Stadtrand fährt. Sogleich setzt er noch einen drauf: „Nicht moin, moin – wir sind ja in Papenburg nicht geschwätzig." Kein Geschwätz sind die beeindruckenden Daten, die Günther nennt und uns staunen lassen: Die 1795 gegründete Werft ist nach wie vor ein Familienbetrieb, heute in der sechsten Generation.

Im Jahr 1985 entstand hier mit der „Homeric" der erste Musikdampfer – für gerade mal 1.132 Passagiere. Ein Mini-Schiff im Vergleich zu den heutigen Kreuzfahrtriesen von der Meyer Werft, mit denen 4.900 Reisende und mehr auf den Weltmeeren unterwegs sind. Rund 900 Millionen Euro kostet so ein Schiff, das in der Regel nach 18 Monaten Planung und weiteren 18 Monaten Bauzeit die riesige Trockendockhalle – 504 Meter lang, 125 Meter breit und 75 Meter hoch – verlässt und über die Ems der Nordsee entgegenschwimmt. Viel lernen wir über den Schiffbau an diesem Sonntagmorgen. Unser Fernweh wird geweckt, vielleicht für eine Kreuzfahrt?

1 Baustelle Trockendock
2 Riesenschiff, bereit zum Auslaufen

SONNTAGNACHMITTAG

Mittagsrast in Papenburg, in der Innenstadt gibt es viele Einkehrmöglichkeiten. Anschließend kreuzen wir mit dem Auto über Aschendorf und Rhede (Ems) hinüber in die Niederlande. Und unternehmen von der Gegenwart eine Zeitreise ins Mittelalter nach Bourtange. „Willkommen im Jahr 1742" ist das Motto der wehrhaften Festungsstadt, eine gute halbe Autostunde westlich von Papenburg.

Mitte des 18. Jahrhunderts hatte die fünfeckige Vesting (Festung) ihre größte Ausdehnung. Bis zu 3.000 Soldaten sollen von hier aus das Groninger Land gegen alle Feinde verteidigt haben. Dabei reichen die Anfänge der Anlage rund 200 Jahre weiter zurück: Im Achtzigjährigen Krieg wurde 1580 im Auftrag von Wilhelm I. von Oranien mit der Errichtung der Festung begonnen, die bis Mitte des 19. Jahrhunderts noch ihre militärische Bedeutung hatte. In den 1960er-Jahren verfiel die historische Anlage mit ihren Wassergräben, haushohen Erdwällen, Kanonen und einstigen Kommandeurshäusern mehr und mehr. Danach wurde 15 Jahre lang restauriert und heute gibt die wehrhafte Festung ein anschauliches Bild des Mittelalters ab. In der Festung leben noch etwa 60 Bewohner – und Besucher auf Zeit. Einige der ehemaligen Soldatenquartiere wurden zu komfortablen Gästezimmern umgestaltet. Wir werden uns diese ungewöhnliche Übernachtungsmöglichkeit merken, für den nächsten Wochenendtrip ins Emsland. In dem abgelegenen Landstrich ist Bourtange an Wochenenden ein beliebtes Ausflugsziel. In der Sommersaison von Mitte März bis Mitte Oktober exerzieren auf dem Hauptplatz jeden Sonntagnachmittag Pikeniere und Musketiere in historischen Uniformen. Kanoniere zünden auf den Wällen eine Kanone – ein Schauspiel mit Knalleffekt zum Abschluss unserer Emslandtour.

Infos

Vesting Bourtange

W. Lodewijkstraat 33, NL-9545 PA Bourtange

Tel. +31/599/35 46 00, www.bourtange.nl

1 Wehrhaft mit fünf Ecken: die Festung Bourtange

2 Klappbrücke: Zugang ins Innere der Festung

3 Gastlichkeit: Bourtange – ein schönes Ausflugsziel

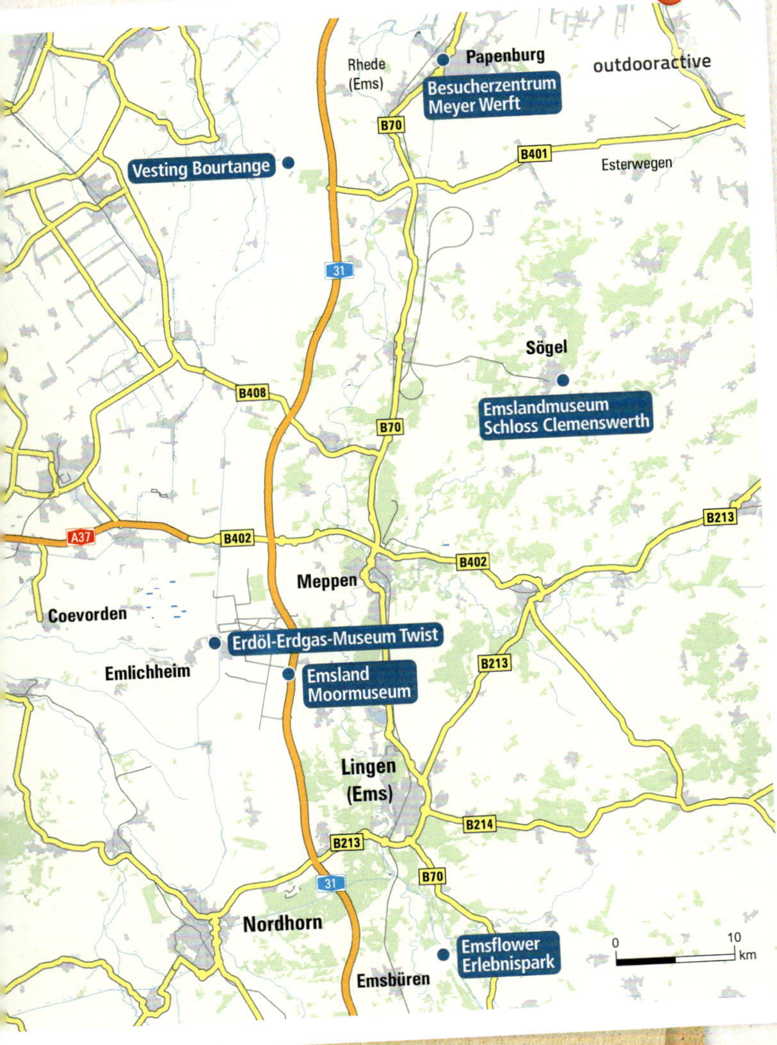

Emsland Touristik GmbH

Ordeniederung 2, 49716 Meppen
Tel. 05931/44 22 66
www.emsland.com

Weitere touristische Angebote im Emsland

Emsradweg

Von der Quelle bei Hövelhof am Teutoburger Wald bis nach Emden führt der 375 Kilometer lange Fernradweg entlang der Ems. Die Route verläuft weitgehend auf verkehrsarmen Wegen durch Natur- und Parklandschaften, vorüber an Warendorf, Telgte und Rheine im Münsterland und dann weiter im Emsland über Lingen (Ems), Meppen und Papenburg in Richtung Ostfriesland. In acht Etappen – zwischen 34 und 68 Kilometer lang – können geübte Radtouristen die gesamte Strecke befahren. Die Tour eignet sich auch für Familien mit Kindern, da es so gut wie keine Steigungen gibt.

Interessengemeinschaft Emsradweg
Schlossstraße 11, 33161 Hövelhof
Tel. 05257/50 09-866
www.emsradweg.de

Klappbrücken und Kanäle

Papenburg liegt an der Deutschen Fehnroute, einer 173 Kilometer langen Rundstrecke für Auto- und Radfahrer. An der gut gekennzeichneten Route durch das nördliche Emsland und den südlichen Teil von Ostfriesland sind zahlreiche Zeugen der Vergangenheit zu finden: Windmühlen, Schleusen, uralte Backsteinkirchen, Deiche und moorige Naturschutzgebiete. Museen erzählen die Geschichte der Moorsiedler und Seefahrer. Der Name „Fehn" stammt aus dem Niederländischen. Dort bedeutet er „Moor". Orte an der Route mit der Endung „fehn" kennzeichnen die Methode, nach der die Moore dieser Region seit dem 17. Jahrhundert urbar gemacht wurden.

IG Deutsche Fehnroute e. V.
Ledastraße 10, 26789 Leer
Tel. 0491/91 96 96 40
www.deutsche-fehnroute.de

Zeugen der Steinzeit

Zwischen Osnabrück und Oldenburg i. O. folgt die „Straße der Megalithkultur" über 330 Kilometer den 33 archäologischen Stationen der steinzeitlichen Großsteingräber. Seit 2014 gibt es neben der Autoroute auch eine Fahrradstrecke. Infotafeln an den Stationen berichten von den Besonderheiten der einzelnen Gräber sowie über die Mythen und Legenden, die um die tonnenschweren Granitfindlinge entstanden sind. Die geheimnisvollen, bis zu 50 Tonnen schweren Blöcke stammen aus der mittleren Phase der Jungsteinzeit zwischen 3.500 und 2.800 v. Chr.

Arbeitsgemeinschaft Straße der Megalithkultur, c/o Tourismusverband Osnabrücker Land e. V.
Herrenteichsstraße 17–18
49074 Osnabrück, Tel. 0541/323 45 68
www.strassedermegalithkultur.de

Kloster Ter Apel

Auf den Spuren von Bruder Jakobus wandeln Gäste beim Besuch des Klosters Ter Apel, das ab 1465 im äußersten Südosten der Provinz Groningen an der jahrhundertealten Handelsstraße zwischen Münster und Groningen errichtet wurde. Für durchreisende Gäste und Pilger war das Kloster damals eine wichtige Zwischenstation. Heute ist Ter Apel ein Ort der Einkehr und Besinnung. Die Gebäude gelten als die einzige noch existierende mittelalterliche Klosteranlage im ländlichen Raum in Nordeuropa. In den Niederlanden steht das ehemalige Kloster Ter Apel auf der TOP-100-UNESCO-Liste herausragender Baulichkeiten.

Boslaan 3–5, NL-9561 LH Ter Apel
Tel. +31/599/58 13 70
www.kloosterterapel.nl
Öffnungszeiten: Di–Sa 10–17 Uhr, So, Feiertage 13–17 Uhr, im Sommer auch Mo 10–17 Uhr
Eintritt: Erwachsene 7,50 €, Kinder 4 €

Automotive Testing Papenburg

Streng geheim! Erlkönige der Automobilhersteller drehen auf dem abgeschirmten, riesigen Testgelände (780 Hektar) östlich von Papenburg seit 1997 ihre Runden. Auch Privatfahrer können ihre Autos auf dem Areal an bestimmten Terminen testen. Die öffentliche Ausstellung im Papenburger Zeitspeicher informiert über das ATP (Touristinformation, Ölmühlenweg 21, 26871 Papenburg, Tel. 04961/83 96-0, www.papenburg-marketing.de).

Johann-Bunte-Straße 176
26871 Papenburg, Tel. 04961/97 50
www.atppbg.de

Gedenkstätte Esterwegen

Zum düstersten Kapitel in der jüngeren Geschichte der Region gehören die Konzentrations-, Strafvollzugs-, Kriegsgefangenen- und Arbeitslager der Nazizeit. Weitab größerer Städte entstanden diese Lager. Die Gedenkstätte Esterwegen erinnert mit Dokumenten an die 15 Lager im Emsland während der Jahre 1933 bis 1945, in denen hier Zigtausende Menschen starben. Im Außenbereich sind noch Spuren des Lagers Esterwegen zu sehen. 1933 entstand im KZ Börgermoor das Lied „Wir sind die Moorsoldaten", an dessen Entstehung in der Gedenkstätte ebenfalls erinnert wird.

Hinterm Busch 1, 26897 Esterwegen
Tel. 05955/98 89 50
www.gedenkstaette-esterwegen.de
Öffnungszeiten: 1. April–31. Oktober Di–So 10–18 Uhr, Winterhalbjahr Di–So 10–17 Uhr
Eintritt: frei

Van Gogh Haus

Nur drei Monate wohnte Vincent van Gogh (1853–1890) im Jahr 1883 in Drenthe, zwei davon im Gasthaus von Hendrik Scholte in Nieuw-Amsterdam. Ein Teil des Gasthauses hat durch einen Umbau seinen alten Glanz zurückerhalten und versetzt die Besucher in das Jahr 1883. Das Arbeitszimmer sieht aus, als hätte der Maler es eben erst für Momente verlassen. Das Van Gogh Haus ist das einzige öffentlich zugängliche Haus in den Niederlanden, in dem van Gogh wohnte und arbeitete. Während des Aufenthaltes in Drenthe malte Vincent van Gogh das Bild „Zugbrücke in Nieuw-Amsterdam".

Van Goghstraat 1, NL-7844 NP
Veenoord/Nieuw-Amsterdam
Tel. +31/591/55 56 00
www.vangogh-drenthe.nl
Öffnungszeiten: Di–So 13–17 Uhr, 1. Januar, Ostern, Pfingsten, Weihnachten und 31. Dezember geschlossen
Eintritt: Erwachsene 5 €, Kinder 3,50 €

Das Steinhuder Meer

Wo Auswanderer Wellen schlagen

Michael Zobel hat einen ungewöhnlichen Beruf – Inselvogt auf der Festungsinsel Wilhelmstein im Steinhuder Meer, dem größten Binnensee in Nordwestdeutschland. Das Eiland ist Ziel unserer Wochenendreise. Zum Auftakt unseres Wochenendes besuchen wir das Kloster Loccum, erbaut nach 1200. Am Sonntagnachmittag beenden wir unsere Reise wiederum im frühen Mittelalter, in der Sigwardskirche in Idensen.

Anfahrt

Mit dem Auto über die A 1/A 2 Dortmund – Hannover

FREITAGNACHMITTAG

Geschafft! Allen Staus auf den Autobahnen A 1 und A 2 haben wir ein Schnippchen schlagen können, sind von der A 2 in Porta Westfalica abgefahren und haben über die B 482 schließlich Loccum im Westen des Steinhuder Meeres erreicht.

Das kleine Städtchen wird geprägt von der bedeutenden Klosteranlage, einer Rarität in Norddeutschland. Die mittelalterlichen Bauten des ehemaligen Zisterzienserklosters stammen teils aus den Jahren nach 1200. Dazu zählt beispielsweise die Stiftskirche – schlicht und ohne jedweden Zierrat, nach der Glaubens- und Lebensweise des Zisterzienserordens. Zwischen 1200 und 1277 wurde das Gotteshaus errichtet, 2010 bis 2012 zum Klosterjubiläum renoviert. Der unscheinbare Dachreiter über der Vierung ist übrigens Rekordhalter – der höchste Punkt von Loccum.

Kloster Loccum wurde am 21. März 1163 gegründet, erfahren wir bei unserem Rundgang. Zwölf junge Mönche und ihr Abt Ekkehard begründeten die über 850-jährige Geschichte des Klosters, das aufgrund der Oberhoheit der Landesherren gegen Ende des 16. Jahrhunderts evangelisch-lutherisch wurde. Als evangelisches Kloster nahm Loccum „Mönche auf Zeit" auf – künftige Pastoren, die sich hier auf ihren späteren Dienst vorbereiten konnten. Daraus entwickelte sich im 19. Jahrhundert das Predigerseminar Loccum, heute Ausbildungsstätte der Evangelisch-lutherischen Landeskirche Hannover. Und nicht allein das – Loccum gilt mittlerweile als herausragendes Zentrum evangelischen Glaubens, nicht zuletzt durch die 1952 gegründete Evangelische Akademie. Als „Fenster der Kirche in die Gesellschaft" bezeichnete Mitbegründer Abt Hanns Lilje die Akademie, von deren Tagungen immer wieder Impulse und wegweisende Bot-

Aus dem frühen Mittelalter: Stiftskirche Loccum

Links Blick auf das Steinhuder Meer

schaften ausgesandt wurden. Die prominenten Referenten mögen die Bedeutung der Akademie unterstreichen – von Theodor Heuss über Willy Brandt und Helmut Schmidt bis Angela Merkel reicht die Rednerliste.
Von der Klosterkirche machen wir uns auf zu einem kleinen Spaziergang durch den Ort. Während des 3,5 Kilometer langen Rundweges erfahren wir eine Menge Wissenswertes aus der wechselvollen Geschichte von Loccum, dem Ort zwischen Weser und Steinhuder Meer.
Wussten wir vorher, dass die in Niedersachsen so bedeutende Landschaftliche Brandkasse in Loccum ihren Ursprung hatte? Das rote Emailleschild an einer Hauswand in der Marktstraße beantwortet diese Frage: Abt Ebell regte um 1750 die Gründung einer Brandkasse an, als Solidargemeinschaft für Landwirte, deren Hof einem verheerenden Feuer zum Opfer gefallen war. Die Brandkasse gibt es heute immer noch – sie gehört nun einem der führenden Versicherer in Niedersachsen. Und der jeweils amtierende Loccumer Abt ist auch Vorsitzender des Kuratoriums der entsprechenden Stiftung.
Gerade rechtzeitig kehren wir von unserer kleinen Tour zurück in die Stiftskirche: Dort wird an jedem Werktag um 18 Uhr die Hora gebetet, das Stundengebet der Zisterzienser – in einer evangelischen Kirche.

STADTPUNKTE
*Das ist die Bezeichnung für eine handliche Broschüre, in der Rundgänge durch Loccum und Rehburg beschrieben sind.
Wandern im Loccumer Klosterwald kann man darüber hinaus auf vier verschiedenen gekennzeichneten Routen (Länge zwischen 1,5 und 6,5 Kilometern). Start ist jeweils am Marktplatz/Klostertor.*
www.rehburg-loccum-tourismus.de

Schlicht: die Klosterkirche

Infos

Kloster Loccum
Im Kloster 2, 31547 Rehburg-Loccum
Tel. 05766/960 20, www.kloster-loccum.de

FREITAGABEND

Von Loccum fahren wir über die B 441 bis Bad Rehburg und weiter nach Neustadt-Mardorf auf der Nordseite des Steinhuder Meeres, wo wir im Hotel-Restaurant Fischerstübchen direkt am Seeufer schon frühzeitig das Zimmer reserviert hatten.

„Stübchen" ist stark untertrieben, es ist ein gut besuchtes Ausflugslokal mit benachbartem Campingplatz und zahlreichen Bootsstegen direkt vor dem Haus. Doch das Aalfilet mundet, die Zimmer sind modern eingerichtet – und irgendwann nach 20 Uhr haben die allermeisten Tagesgäste die Stübchen-Stube auch verlassen und es wird still am Seeufer.

Alternativ zu dem Stübchen gibt es mitten im Ort eine weitere Übernachtungsmöglichkeit. Die ehemalige Dorfschule ist heutzutage Hotel, Restaurant mit Biergarten und Café und bietet darüber hinaus eine Ferienwohnung. Bis zum Seeufer muss man von dort allerdings einen Kilometer laufen.

Übernachtungstipps

Hotel-Restaurant Fischerstübchen
Uferweg 92
31535 Neustadt-Mardorf
Tel. 05036/380
www.fischerstübchen-mardorf.de

Alte Schule Mardorf
Mardorfer Straße 8
31535 Neustadt-Mardorf
Tel. 05036/24 33
www.alteschule-mardorf.de

Stegpromenade am Steinhuder Meer

SAMSTAGVORMITTAG

Wir haben uns mit Wolfgang Nülle an der Mardorfer Zweiradscheune verabredet zur gemeinsamen Radtour in die Meerbruchswiesen zwischen Mardorf und Winzlar. Nülle ist Diplom-Biologe, Naturparkführer und mit Gästen vor allem zwischen April und September in der Natur an den Ufern des Steinhuder Meeres unterwegs.

„Gibt es am Steinhuder Meer auch Ebbe und Flut, schließlich sind wir hier am Meer, oder?" Diese ungewöhnliche Frage wurde dem Naturparkführer bei seinen Exkursionen schon mal gestellt – von Besuchern aus Baden-Württemberg. Wolfgang Nülle muss lächeln, wenn er davon erzählt. Um es gleich klarzustellen: Nein, das Steinhuder Meer kennt keine Gezeiten!

STEINHUDER MEER – GRÖSSTER BINNENSEE IN NORDWESTDEUTSCHLAND

Mit 30 Quadratkilometern ist das 30 Kilometer nordwestlich von Hannover gelegene Gewässer der größte See in Nordwestdeutschland. Er entstand in der letzten Eiszeit vor etwa 14.000 Jahren. Das Steinhuder Meer ist das Herzstück des gleichnamigen Naturparks, der 1974 gegründet wurde und eine Fläche von 310 Quadratkilometern aufweist. In diesem Gebiet stehen elf Prozent der Fläche unter Naturschutz und 65 Prozent unter Landschaftsschutz. Das Steinhuder Meer mit den Hauptorten Steinhude und Mardorf gilt als beliebtes Ziel für Tagestouristen – sozusagen als die „Badewanne Hannovers". Es gibt Hotels, Ferienwohnungen, Ferienhäuser, Privatzimmer und zahlreiche Campingplätze. Badestrände sind in Mardorf (Weiße Düne) und auf der 1975 künstlich angelegten Badeinsel in Steinhude. Segelsportler schwärmen von der frischen Brise am Steinhuder Meer. „Selbst im Sommer haben wir hier häufiger Wind als etwa auf dem Bodensee", so Stefan Ibold von der Wettfahrtvereinigung Steinhuder Meer. Mehr als 3.000 Segelboote – vor allem Jollen – sind nach Angaben der Touristikzentrale verzeichnet. Für größere Boote ist der See mit der mittleren Wassertiefe von nur 1,35 Metern zu flach. Das Gewässer ist befahrbar vom 20. März bis zum 31. Oktober. Die Touristensaison läuft von O bis O, von Ostern bis Oktober, mit Schwerpunkten in den Sommerferien sowie an den Feier- und Brückentagen.

www.naturpark-steinhuder-meer.de

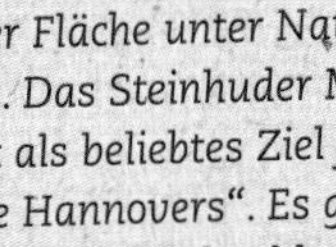

1 Natur-Erklärer: Wolfgang Nülle
2 Segelrevier: über 3.000 Boote

Wolfgang Nülle führt uns am Westufer in das Naturschutzgebiet Meerbruchswiesen, wo wir auf dem ausgeschilderten Meerbrucherlebnisweg unterwegs sind. Er verläuft durch die Hochmoorlandschaft der geheimnisvollen, sagenumwobenen und in Jahrtausenden entstandenen Moore zwischen Neustadt am Rübenberge und der Wasserfläche des Steinhuder Meeres. Von Beobachtungshütten können wir die Wasser- und Watvögel im Schilf erkennen: Entenfamilien führen ihren Nachwuchs aus, Graureiher lauern im Sumpf auf Beute. Zahllos scheint die Schar der Singvögel, wie etwa Nachtigall, Schwarzkehlchen, Rohrammer und Neuntöter.
Sogar Fisch- und Seeadler brüten in dem ausgedehnten Gebiet zwischen Mardorf, Winzlar und Hagenburg. „Von der sandigen Geest über Hochmoore, Niedermoore und Sumpfwälder haben wir viele Landschaften auf kleinem Raum", erläutert der Diplom-Biologe. Ein schmaler Holzsteg leitet uns durch urigen Bruchwald zum Winzlarer Turm, von dessen Aussichtsplattform der Blick weit schweift über die offene Wasserfläche und zur Festungsinsel Wilhelmstein.

Auf Beutejagd: Reiher in den Meerbruchswiesen

Wir verabschieden uns von Wolfgang Nülle und fahren mit unseren Leihrädern ein kurzes Teilstück über den Steinhuder Meer Rundweg (SMR). Die 32 Kilometer lange Route ist ein kombinierter, gut ausgebauter und beschilderter Rad- und Wanderweg rund um den Binnensee, der zur Hochsaison (Juli/August) von zahlreichen Gästen genutzt wird.

Unterwegs machen wir Pause an einem der vielen Rastplätze, die Lunchpakete vom Hotel stärken uns für die Weiterfahrt.

Infos

Meerbrucherlebnisweg

Naturpark Service Steinhuder Meer
Dipl.-Biol. Wolfgang Nülle, Schlesierweg 81A, 31515 Wunstorf, Tel. 05033/25 61
www.naturparkservice.de

1 Ausguck: der Winzlarer Turm
2 Orientierung: Rad- und Wanderwege

SAMSTAGNACHMITTAG

Wir radeln in Richtung Mardorf zurück zur Zweiradscheune, wo wir unseren Wagen geparkt haben. Zweiradmechanikermeister Aurel Knesche ist der Chef in der „Zweiradscheune" und verleiht seit fünf Jahren Tourenräder und auch einige E-Bikes: „Also, wenn hier der Wind weht, rate ich immer zu E-Bikes. Etwa vier Stunden muss man für die gesamte Tour rund um unser Meer rechnen. Gut fünf Stunden werden es mit Pausen, wenn man es gemütlicher angehen lässt. Mit etwas Studium der Fahrpläne kann man eine Radtour auch gut mit einer Schifffahrt als Tagesausflug kombinieren."

LINIE 835 – DER FAHRRADBUS

Mit einem Fahrradanhänger für insgesamt 16 Zweiräder ist der Regiobus (Linie 835) im Juni und August täglich rund um das Steinhuder Meer unterwegs. Der Bus fährt zwischen Wunstorf und Neustadt alle 60 Minuten die Orte am See an. S-Bahnen fahren zwischen Wunstorf und Hannover-Hauptbahnhof.

www.regiobus.de

Das machen wir diesmal nicht, sondern fahren stattdessen mit dem Auto die kurze Strecke von Mardorf über Winzlar und Hagenburg nach Steinhude, wo wir auf dem Großparkplatz am Bruchdamm (Schilder beachten) das Fahrzeug abstellen. Wir bezahlen brav die Parkgebühr am Automaten und rollen unsere Koffer zum Anlegesteg der Fahrgastschiffe der Steinhuder Personenschifffahrt.

Pünktlich legt die „Schaumburg-Lippe" ab, tuckert in einer knappen halben Stunde zu unserem Ziel, der Festungsinsel Wilhelmstein.

1 Stets Wind: Steinhuder Meer
2 Pendelverkehr: Linienschiff

PERSONENSCHIFFE UND AUSWANDERER

Drei Fahrgastschiffe der Steinhuder Personenschifffahrt verkehren planmäßig zwischen Steinhude, der Insel Wilhelmstein und dem Nordufer (Mardorf); die „Schaumburg-Lippe" transportiert auch Fahrräder. An Sommerwochenenden ist die Reservierung ratsam. Zudem gibt es 30 Segelschiffe, die hier auch „Auswanderer" genannt werden. Die Bezeichnung stammt der Überlieferung nach aus dem 19. Jahrhundert, als das Steinhuder Meer Grenzgewässer war. Bis 1866 gehörte der Südwesten zum Fürstentum Schaumburg-Lippe, das Nord- und Ostufer zum Königreich Hannover. Menschen, die auf dem Weg zur Arbeit den See überquerten, sprachen damals vom Auswandern. Die segeltüchtigen Auswanderer-Holzboote nehmen bis zu 30 Passagiere an Bord. Auswanderer und Linienschiffe verkehren von Mai bis Oktober. Nur die Berufsschifffahrt, Fischer, die Beschäftigten der Festungsinsel Wilhelmstein und die Seenotretter haben Motorboote, private Motorboote sind nicht erlaubt.

www.steinhuder-personenschifffahrt.de

Infos

Fahrradverleih Zweiradscheune Mardorf
Dreieckstraße 1, 31535 Neustadt-Mardorf
Tel. 0171/532 08 20, www.zweirad-scheune.eu
Öffnungszeiten: Sommer tägl. 10–18 Uhr, Winter Mi–Fr 12–17 Uhr, Sa 10–13 Uhr

Steinhuder Personenschifffahrt
Meerstraße 2, 31515 Steinhude
Tel. 05033/17 21, www.steinhuder-personenschifffahrt.de
Überfahrt mit dem „Auswanderer": Erwachsene Hin- und Rückfahrt 7 €, Kinder 4 €

SAMSTAGABEND

Durch einen Zufall hatten wir erfahren: Auf dem winzigen Eiland im „Meer" kann man seit dem Jahr 2008 auch übernachten – und das ziemlich ungewöhnlich und exklusiv in den einstigen Unterkünften der Soldaten, die auf der Festungsinsel im Wachdienst waren. Sieben Hotelzimmer wurden dort eingerichtet. Wir checken ein im Büro bei Michael Zobel: „Wir haben Gäste von nah und fern, die einmal in ihrem Leben im Steinhuder Meer sehr ruhig übernachten wollen." Wenn das letzte Linienschiff um 17.30 Uhr nach Steinhude abgelegt hat, schließt bald darauf das Inselgasthaus. Zurück bleiben nur Inselvogt Zobel und die Übernachtungsgäste. Unser Dinner am Abend fällt aus dem Rahmen – das Inselgasthaus serviert Wurst- und Käsebrote, der Kühlschrank bietet Mineralwasser und die Inselwirtschaft Weine und Bier zur urigen Brotzeit im Biergarten unter der alten Kastanie. Doch auf kulinarische Genüsse kommt es uns gar nicht an. Wir erfreuen uns an der Stille des winzigen Eilandes und dem Untergang der Sonne. Sie versinkt als glutroter Feuerball über dem Naturschutzgebiet Meerbruchswiesen, das wir am Morgen bereits kennengelernt hatten.

Trutzig: Festungsbauwerk

FESTUNGSINSEL WILHELMSTEIN

Nur 107 mal 109 Meter groß ist die Insel Wilhelmstein, die sich im Privatbesitz von Alexander Fürst zu Schaumburg-Lippe befindet. Das winzige Eiland wurde 1761 bis 1767 als Festung mit Militärschule und einer Sternwarte auf Geheiß von Graf Wilhelm zu Schaumburg-Lippe (1724–1777) künstlich aufgeschüttet. Das Museum in der Festung weist eine historische Waffensammlung auf und eine Rarität: das Modell von Deutschlands erstem Tauchboot, dem Steinhuder Hecht. Das U-Boot sollte ab 1771 nach Ideen des Ingenieurs, Geografen und Offiziers Jakob C. Praetorius gebaut werden. Überliefert sind zwei Entwurfszeichnungen, auf denen das U-Boot eine Fischform hat.

www.wilhelmstein.de

Übernachtungstipp

Inselfestung Wilhelmstein
31515 Wunstorf
Tel. 05722/95 58-28
oder 05722/95 58-33
www.wilhelmstein.de

SONNTAGVORMITTAG

Bis zu 60.000 Besucher kommen im Sommer zu Besuch auf die ungewöhnliche Insel. Dann wird es auf dem Landflecken mitunter trubelig, doch davon merken wir an diesem Sonntagmorgen noch nichts: Erst um 10 Uhr wird das Linienschiff mit Besuchern anlegen. Die Damen des Gasthauses bereiten für uns das Frühstück, wir dürfen derweil mit dem Inselvogt Michael Zobel das wehrhafte Festungsbauwerk erkunden.

1 Trauzimmer auf Wilhelmstein **2** Inselvogt Michael Zobel

Zobels Tag hatte schon früh um fünf Uhr begonnen. „Mit dem Vogelgezwitscher werde ich wach." Der morgendliche Rundgang auf dem winzigen Eiland, das wie ein dunkler Klecks in den Binnensee gefallen zu sein scheint, führt uns vorbei an den Gästehäusern, der Wasseraufbereitung und der Kläranlage. Alles in Ordnung? Dann hinauf über schmale Stiegen in den Turm, vorbei an den Räumen mit der historischen Waffensammlung, dem Trauzimmer des Standesamtes Wunstorf und über die 100 Stufen bis ganz nach oben zur Aussichtsterrasse.

„Zwei- bis dreimal pro Tag geht's hinauf, das hält fit", sagt uns Zobel, der sich auf eine Zeitungsanzeige für sicherlich einen der ungewöhnlichsten Jobs weit und breit beworben hatte. Tischler, Kommunikationsorganisator und Kulturmanager war Zobel in der Vergangenheit, bevor er sich zusammen mit seiner Frau Heidrun „für das Stück andere Welt mitten in Deutschland entschied".

Ade, stilles Wilhelmstein! Wir werden den Aufenthalt über Nacht in dieser anderen Welt in guter Erinnerung behalten und fahren mit dem Linienschiff gegen Mittag zurück nach Steinhude.
Steinhude muss man mögen und damit zurechtkommen, so wie es ist: Besuchermagnet, Ziel zahlreicher Tagestouristen, Zwischenstopp für Busgruppen – das macht den gepflegten kleinen Ort ziemlich lebendig. Nach der Ruhe auf Wilhelmstein für uns jedenfalls ein starker Kontrast.

MUSEUMSREIF: FISCHER, WEBER UND SPIELZEUG

„Leben vor mehr als 100 Jahren" ist das Motto der Steinhuder Museen. Die Ausstellungen geben einen Überblick zur Geschichte der Fischerei und der Leinenweberei mit dem „Hemd ohne Naht", das 1728 mit Ärmeln, Knopflöchern, Kragen und Bündchen beim Weben entstand. Das Spielzeugmuseum entführt große und kleine Puppenmütter zu historischen Puppen von 1860 bis in die 1960er-Jahre.

www.steinhuder-museen.de

Spezialität: Räucheraal aus Steinhude

„Wir leben vom Tourismus", sagen die Anwohner völlig zu Recht. Ein Tourismus, der bereits um das Jahr 1900 mit dem Bau der Steinhuder Meer-Bahn begann. Die Schmalspurbahn tuckerte ab 1898 von Wunstorf aus nach Steinhude und brachte die ersten Gäste in den Fischerort.

Auch noch heute gibt es dort sieben Fischer, die teils als Nebenerwerb, teils im Vollerwerb nahezu rund ums Jahr die Schuppentiere an Land holen. „Wir fischen generell mit Reusen", erzählt uns Detlef Hodann. Der Steinhuder ist nicht nur die fünfte Generation im Fischereibetrieb Hodann, sondern auch der Vorsitzende des Fischereivereines. „Wie die Erntezeiten in der Landwirtschaft haben wir bei uns auch verschiedene Fangzeiten: Im Frühjahr geht's auf den Hecht, im April und Mai die Aale, im Sommer Karpfen und Schleie und im Herbst Zander und Barsch."

Traditionshaus: Schweers-Harms-Fischerhus

Räucheraal ist die kulinarische Spezialität der Steinhuder Fischer und so etwas wie ihr Markenzeichen. Hodann: „Aal kaufen wir hinzu, aus Dänemark, den Niederlanden und aus Italien." Zahlreiche Imbissstände und Restaurants bieten die Steinhuder Aale in verschiedenen Varianten an – klar, dass wir uns im Schweers-Harms-Fischerhus, dem Haus der berühmten Aale, zur Mittagszeit ebenfalls mit dieser Delikatesse stärken.

SPEZIALITÄT SEIT ÜBER 100 JAHREN: STEINHUDER RAUCHAAL

Von der Schinkenräucherei stammt die Idee, auch Aal zu räuchern und damit zu konservieren. Fischer Hodann: „Vor über 100 Jahren gab es ja noch keine Kühlkette, so entwickelte sich in Steinhude die Aalräucherei." Etwa zwei bis drei Stunden sind die Aale im Gewicht zwischen 300 und 1.000 Gramm traditionell im Buchenholz-Heißrauch und bekommen dadurch ihren typischen Geschmack. In Steinhude gibt es etwa ein halbes Dutzend Aalräuchereien sowie einige Räuchereien im Nebenerwerb.

1 Aalreusen und Netze
2 Räucheraal-Imbiss

Infos

Schweers-Harms-Fischerhus
Graf-Wilhelm-Straße 9–11, 31515 Steinhude
Tel. 05033/52 28, www.schweers-harms-fischerhus.de
Öffnungszeiten: April–Oktober tägl., November–März Di–So,
Küche 11–14.30 Uhr und 17–21.30 Uhr

Informationen zu Führungen durch die Festung
über Steinhuder Meer Tourismus (siehe Seite 44)

SONNTAGNACHMITTAG

Mit dem Schlosspark Hagenburg und der Kirche in Idensen stehen noch zwei Highlights auf unserer kleinen Wochenendliste, als wir am frühen Nachmittag das quirlige Steinhude verlassen. Nur ein paar Kilometer rollen wir über die Landstraße nach Westen und schon haben wir den Schlosspark Hagenburg erreicht.

Welch eine üppige Pracht: Hunderte Rhododendren tauchen in den Maitagen die Schlossallee zur Blütezeit in ein rosa und lila Farbenmeer. Die Tore zum einstigen Sommersitz des Fürstenhauses Schaumburg-Lippe, errichtet in verschiedenen Bauphasen ab dem 16. Jahrhundert, bleiben allerdings für uns verschlossen – Privatbesitz. Macht aber nichts, schon der Spaziergang durch den Schlosspark erfreut uns.

Über Mesmerode steuern wir die letzte Station an. Und begeben uns erneut auf die Zeitreise ins frühe Mittelalter, gerade so wie unser Wochenende in Loccum an der jahrtausendealten Klosteranlage begonnen hatte.

Am Rand des kleinen Bauerndorfes Idensen finden wir die Sigwardskirche – ein Juwel unter den Dorfkirchen in Niedersachsen. Ab 1129 wurde das Gotteshaus im frühromanischen Stil erbaut, war die Hofkapelle und Grablege von Bischof Sigward von Minden (1120–1140). Wandmalereien, Ornamente und frühromanische Architektur – unzerstört und so gut wie im originalen Zustand – machen das kaum bekannte Kirchlein einzigartig.

Mögen andere Bauwerke aus jener Zeit jährlich Tausende Besucher magisch anziehen, die Sigwardskirche bleibt ein kaum bekanntes Kleinod. Und für uns besinnlicher Ausklang der Wochenendtour an einen See mit dem Beinamen Meer.

Kleinod:
die Sigwardskirche

Infos

Schlosspark Hagenburg
Schlossstraße 21
31558 Hagenburg

Sigwardskirche
An der Sigwardskirche 4
31515 Wunstorf
Tel. 05031/25 20
www.sigwardskirche.de

1 Frühromanisch: Dorfkirche Idensen
2 Romantisch: Schlosspark Hagenburg
3 Nestbauer: Nistplatz Kirchturm

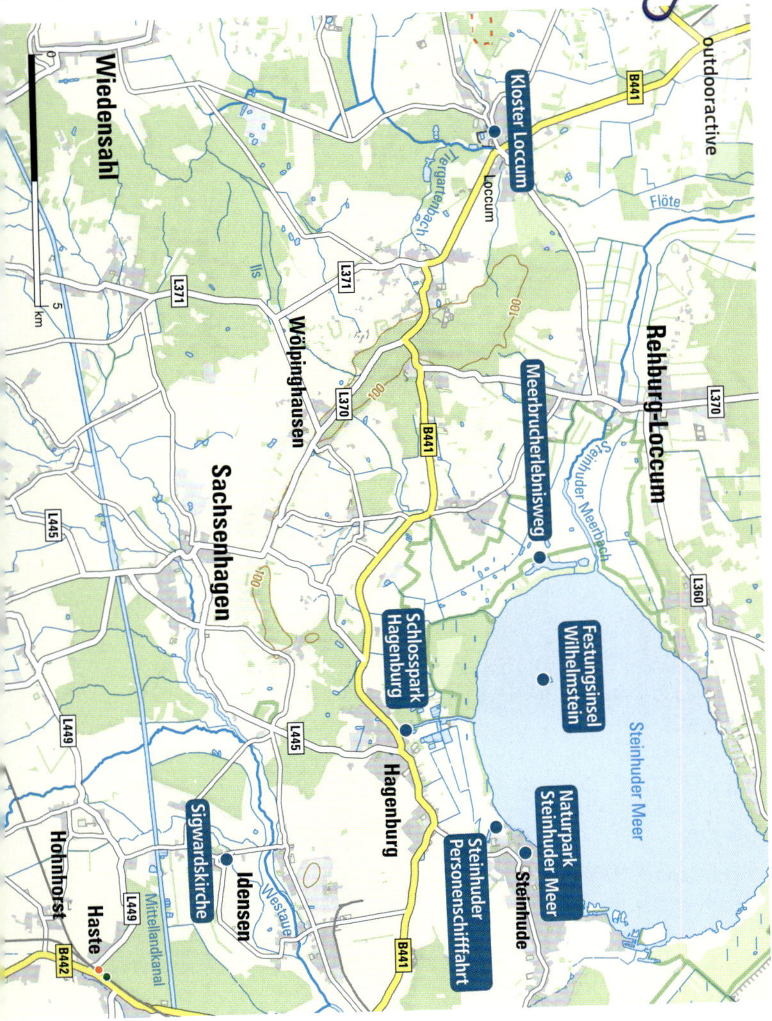

Steinhuder Meer Tourismus

Meerstraße 15–19
31515 Wunstorf-Steinhude
Tel. 05033/950 10
www.steinhuder-meer.de

Weitere touristische Angebote rund ums Steinhuder Meer

Pilgerweg Loccum-Volkenroda

In 17 Tagesetappen führt die ausgeschilderte Wanderroute vom niedersächsischen Rehburg-Loccum nach Volkenroda in Thüringen. Der Pilgerweg erinnert an das Jahr 1163. Damals machten sich zwölf Mönche des Zisterzienserordens mit Abt Ekkehard von Volkenroda aus auf den Weg nach Loccum, um dort ein neues Kloster zu gründen. Auf rund 300 Kilometern führt die Strecke entlang von Weser, Leine und Unstrut, über die Weserberge, durch Solling und Eichsfeld. Die Fußpilger übernachten in Pensionen, Hotels und teilweise in kirchlichen Pilgerherbergen. Die Tagesetappen sind um die 20 Kilometer lang.

www.loccum-volkenroda.de

Niedersächsische Mühlenstraße

Am Steinhuder Meer führt diese Route in Niedersachsen zu Mühlen verschiedener Bauarten und mit unterschiedlichen Funktionen: Getreide- und Sägemühlen, Wassermühlen, Rossmühlen, Bockwindmühlen und Galerie-Holländer, die in Landesbergen, Landkreis Nienburg, sogar als Hochzeitsmühle dient – sicher eines der ungewöhnlichsten Standesämter weit und breit. Die Mühlenstraße eignet sich ebenso für Autofahrten wie für einen kompletten Urlaub mit dem Fahrrad. Beim „Deutschen Mühlentag" (jeweils am Pfingstmontag) sind viele der Mühlen für Besucher geöffnet und es finden Vorführungen statt.

www.niedersaechsische-muehlenstrasse.de
www.sg-mittelweser.de

Scheunenviertel Steinhude

Am Rand von Steinhude stehen einige prächtige Lagerscheunen, die dort im 18. Jahrhundert nach mehreren Bränden im Ortszentrum errichtet wurden. Die Scheunen sind denkmalgeschützt und beherbergen Läden, die Steinhuder Tourismusinformation und das Infozentrum des Naturparks mit einer Ausstellung über Fauna und Flora der Gegend. Hier gibt es auch Informationen, welche Führungen im Naturpark gerade angeboten werden.

Naturpark Infozentrum
Am Graben 3–4
31515 Wunstorf-Steinhude
Tel. 05033/93 91 34
www.naturpark-steinhuder-meer.de

Herrenhäuser Gärten

Hannovers grüner Schatz – so werden die Gärten auch genannt, die zu den bedeutendsten Parkanlagen aus barocker Zeit in Europa zählen. Kurfürstin Sophie (1630–1714) ließ den Garten anlegen, der heute noch fast unverändert besteht. Beeindruckend sind die barocken Elemente und die Wasserspiele. Zu den Besonderheiten des Parks zählt der Berggarten mit einer Sammlung von rund 25.000 Orchideen. 2015 wurden die Parkanlagen mit dem Europäischen Gartenpreis in der Kategorie Historische Gärten geehrt. Die Auszeichnung wird seit 2010 alljährlich vom Europäischen Gartennetzwerk EGHN vergeben, das aus etwa 170 Mitgliedern in zwölf Ländern besteht.

Herrenhäuser Straße 4, 30419 Hannover
Tel. 0511/16 83 40 00
www.herrenhaeuser-gaerten.de
www.eghn.eu
Öffnungszeiten: tägl. 9–18 Uhr
Eintritt: Großer Garten, Berggarten und Museum Schloss Herrenhausen in Kombination: Erwachsene 8 €, Kinder/Jugendliche 4 €, Familien 13/21 €, Parkplatz (Tageskarte) 12 €, Park frei zugänglich

Bad Rehburg – einst das Madeira des Nordens

Die heilenden Quellen von Rehburg wurden 1690 erstmals urkundlich erwähnt, heute sind sie längst versiegt, doch zwischen 1750 und 1850 kurten zahlreiche hannoversche Adlige in Bad Rehburg – dem Madeira des Nordens. In der Blütezeit weilte selbst König Ernst August von Hannover mit seiner Gattin Frederike in Bad Rehburg, dessen historische Kuranlagen zu Beginn des 21. Jahrhunderts hübsch restauriert wurden. Aus den Kurgebäuden – einem Zeitzeugnis der Romantik – wurde ein Kulturzentrum. Für Gruppen gibt es auf Nachfrage Führungen durch das historische Rehburg.

Auskunft: Tourist-Information
Romantik Bad Rehburg
Friedrich-Stolberg-Allee 4
31547 Rehburg-Loccum
Tel. 05037/30 00 60
www.rehburg-loccum.de

Luftfahrtgeschichte in der JU 52-Halle

Der Fliegerhorst Wunstorf der Bundesluftwaffe am Steinhuder Meer ist einer der wichtigsten Standorte für den militärischen Lufttransport. In einer Halle sind die Transportflugzeuge C 160 Transall und Noratlas sowie weitere Flugzeuge zu sehen. 1986 wurde eine Junkers 52 in Norwegen geborgen, die heute in der Halle im Originalzustand präsentiert wird. Die Ausstellung wird von der Wunstorfer Traditionsgemeinschaft Lufttransport betrieben.

Auskunft: Tourist-Information
Dyckerhoffstraße 40, 31515 Wunstorf
Tel 05031/17 64 74
www.tglw.de
Öffnungszeiten: April–Oktober Do, Sa, So, Feiertage 10–18 Uhr
Eintritt: Erwachsene 4 €, Kinder (bis 14 Jahre) 1 €, Jugendliche 2 €

Corvey, Kassel und das Kulturland Kreis Höxter

Steinerne Zeugen, rauschende Wasser

Wer kennt sie schon, die Landschaft im Osten von Nordrhein-Westfalen? 25 Klöster sowie 80 Schlösser und Burgen weist der Kreis Höxter auf. Grund genug, hier ein Wochenende zu verbringen. Und das Highlight kennenzulernen – das ehemalige Kloster Corvey, seit 2014 UNESCO-Welterbe. Diese Auszeichnung trägt auch der Bergpark in Kassel, den wir ebenfalls besuchen.

Anfahrt

Mit dem Auto über die A 44 Dortmund – Kassel, Ausfahrt Warburg, B 252/B 241/B 64 Richtung Höxter

Mit der Bahn gibt es regelmäßige Verbindungen nach Warburg (Westfalen), nach Höxter und nach Kassel-Wilhelmshöhe (ICE-Bahnhof). www.bahn.de, www.busse-und-bahnen.nrw.de

FREITAGNACHMITTAG

Endlich raus! Den dichten Verkehr auf der A 1 bei Hagen haben wir hinter uns gelassen und sind auf der A 44 Richtung Kassel ins Kulturland Kreis Höxter unterwegs. Ein riesiges Gebiet, diese für uns so wenig bekannte Region im Osten von Nordrhein-Westfalen. 30 Kilometer etwa breit von Westen nach Osten, gute 50 Kilometer in Nord-Süd-Richtung, mit stillen Dörfern, vielen kurvigen Landstraßen und nur ganzen sieben Kilometern Autobahn zwischen Welda und Wormeln. Und sie haben dort ausgerechnet – der Kölner verbringt pro Jahr satte 65 Stunden seines Lebens im Stau, im Kreis Höxter sind es 0 Stunden, in einem Wort: null! Einer der Gründe, in dieses Ohne-Stau-Land einen Kurztrip zu unternehmen.

Wir starten gleich mit einem besonderen Kleinod: der Klosterkirche Marienmünster, die wir erreichen, wenn wir die B 252 Richtung Nieheim fahren und von dort über die Landstraße (L 825) der Ausschilderung bis Marienmünster folgen.

Bevor wir die ehemalige Abteikirche besuchen, machen wir einen Zwischenstopp im modernen Besucherzentrum FORUM Abtei. Es ist ein minimalistischer Kubus aus Lärchenholz, in dem seit Frühjahr 2016 Reisende einen ersten guten Überblick über die Region – Höxter und Ostwestfalen-Lippe – mit mehr als 100 Klöstern, Abteien und Stiften bekommen. Ehemalige Klöster und aktive Abteien, wie etwa das Hl. Kreuz-Kloster der Benediktinerinnen, hoch über der Weser in Herstelle nahe Beverungen. Das Besucherzentrum ist für uns so etwas wie die Pforte zu der ungewöhnlichen Klosterlandschaft.

Im Multimedia-Zeitalter führt uns optisch und akustisch eine Schau in die Region. Mit unseren Füßen berühren wir Orte auf einer projizierten Landkarte, worauf Filme, Bilder und Töne den Blick hinter die Mauern des jeweiligen Klosters ermöglichen.

Links Schloss Rheder, ab 1750 erbaut
Rechts Besucherzentrum FORUM Abtei

Wir erfahren, dass die Ursprünge von Marienmünster als Kloster bis in das Jahr 1128 zurückreichen: Zwölf Mönche aus der benachbarten Benediktinerabtei Corvey übernahmen anfangs die geistliche Betreuung.
Wechselvoll ist die Geschichte des Klosters im Laufe der Jahrhunderte – von der Blütezeit als religiöser und kultureller Mittelpunkt der Region im 12. und 13. Jahrhundert über die grauenvollen Zerstörungen im Dreißigjährigen Krieg in den 1640er-Jahren bis zur Auflösung des Benediktinerklosters zu Zeiten der Säkularisation zu Beginn des 19. Jahrhunderts.
Heute zieht neues Leben in die riesige Klosteranlage ein: In den drei Scheunen des Wirtschaftshofes gibt es im Sommer Konzerte klassischer Musik, zu denen Besucher von weit her in die sanfte, stille Landschaft anreisen. Im Kloster sollen nach den Plänen engagierter Marienmünster-Freunde in Zukunft Mönche der Communauté Saint Martin aus Frankreich wirken, nachdem die letzten fünf Patres vom Orden der Passionisten die Abtei vor einigen Jahren verlassen haben.
In der Abteikirche mit ihrem Stilmix aus Romanik, barockem Chor und gotischen Spitzhelm-Turmhauben gibt es ohnehin seit langem Konzerte auf der Orgel, vom Lippstädter Orgelbauer Johann Patroclus Möller in den Jahren ab 1736 geschaffen.

Mit neuem Leben: Zugang zur Klosteranlage Marienmünster

BORGENTREICH

Die „Königin der Instrumente“ steht im Mittelpunkt des Orgelmuseums. Besucher können selbst verschiedene Orgelregister ziehen und Orgelmodelle in Gang setzen. In der Pfarrkirche befindet sich die größte noch erhaltene doppelte Springladenorgel der Welt aus dem 17. Jahrhundert, die nach siebenjähriger Restaurierung seit Mai 2011 wieder erklingt (Foto unten). Die Orgel wurde ursprünglich für das Augustinerkloster in Dalheim gebaut. Nach der Auflösung des Klosters 1803 wurde das wertvolle Instrument auf 32 Ackerwagen über eine Strecke von 40 Kilometern nach Borgentreich gebracht.

Wer noch mehr Klangerlebnisse der „Königin der Musikinstrumente“ haben möchte, der begibt sich in Ostwestfalen und in Lippe auf die Westfälische Orgelroute, die neben dem Instrument in Borgentreich noch zu 12 weiteren bedeutenden Orgeln zwischen Höxter, Arnsberg und Harsewinkel-Marienfeld im Kreis Gütersloh führt.

www.orgelmuseum-borgentreich.de
www.orgelroute-owl.de

„Diese Orgel hat das westfälische Klanggedächtnis“, schwärmt der Musiker, Kulturmanager und Chorleiter Hans-Hermann Jansen in höchsten Tönen von dem Instrument. Denn bei der Restaurierung 1965/66 wurde die Orgel in ihren ursprünglichen Zustand zurückversetzt. Im Oktober 2010 wurde die Orgel durch die Firma Muhleisen aus Straßburg erneut restauriert und am 23. November 2012 wieder eingeweiht. Jansen, den wir zufällig im Besucherzentrum treffen, ist auch Leiter der Gregorianik-Schola Marienmünster-Corvey mit Sängern aus der Klosterregion Höxter.

In der Abteikirche Marienmünster ist neben der Orgel auch das schmiedeeiserne Gitter bedeutend. Das Kunstwerk trennt den barocken Chorraum als Platz der Mönche und das Kirchenschiff voneinander. 1693 wurde das Gitter geschmiedet und erinnert mit den Motiven an die Lippische Rose. Sie ist das Wahrzeichen des Lipperlandes und Bestandteil des nordrhein-westfälischen Landeswappens.

Kein Kloster ohne Klostergarten! Zwischen den Wirtschaftsscheunen und der Kirche wurde der Garten mit Heilkräutern von ehrenamtlichen Helfern jüngst wieder angelegt. Das Vorbild hierfür – so erfahren wir – lieferte der Klostergarten der Benediktinerinnenabtei St. Maria in Fulda (siehe Seite 75).

Am späten Freitagnachmittag verabschieden wir uns von Kulturmanager Jansen. Und dem Kloster der Klänge, wie Marienmünster manchmal auch genannt wird.

1 Schmiedeeisernes Gitter mit der lippischen Rose
2 Benediktfigur im Klostergarten

1

2

• • • • • • • • • • • • • • • •

Infos

Besucherzentrum FORUM Abtei
Abtei 5, 37696 Marienmünster
www.klosterlandschaft-owl.de
www.kulturstiftung-marienmuenster.de
www.musikfreunde.org
Öffnungszeiten: 15. April–15. Oktober
Di–Fr 11–16 Uhr, Sa, So 11.15–16.45 Uhr
Gregorianische Klänge: jeden zweiten Sonntag im Monat um 17 Uhr in der Abteikirche Marienmünster
Kirchenführungen: sonntags nach dem Gottesdienst
Informationen: www.kulturstiftung-marien-muenster.de/veranstaltungen

FREITAGABEND

Über die kurvige Landstraße erreichen wir in der Talsenke das hübsche Vörden, wo wir die Nacht zum Samstag im Wirtshaus am Brunnen hinter der Fachwerkfassade verschlummern und auch das Abendessen einnehmen werden. „Westfälisch genießen" ist das Motto der Küche. Der Gasthof zählt zu dieser gleichnamigen Initiative von über 20 engagierten Gastronomen und Lebensmittelproduzenten in Ostwestfalen-Lippe und dem Münsterland. Sie haben sich bereits 1990 zusammengeschlossen mit dem Ziel, den Gästen saisonal heimische Produkte zu servieren. Alternativ bietet sich auch eine Übernachtung im Hotel-Restaurant Klosterkrug an, direkt am Kloster Marienmünster gelegen.

Farbenfroh: Marienmünster von oben

Übernachtungstipps

Hotel Wirtshaus am Brunnen
Niedernstraße 5, 37696
Marienmünster-Vörden
Tel. 05276/95 22 57
www.wirtshaus-am-brunnen.de
www.westfaelisch-geniessen.de

Hotel-Restaurant Klosterkrug
Abtei 1, 37696 Marienmünster
Tel. 05276/989 50
www.hotel-klosterkrug.de

SAMSTAGVORMITTAG

Corvey wir kommen! Von Vörden sind wir über die B 239 ins Tal der Weser nach Höxter hinabgefahren. Durch die engen Straßen der lebendigen Stadt, vorüber an farbigem, reich verziertem Fachwerk kommen wir nach Corvey. 25 Klöster und klösterliche Einrichtungen – ehemalige und aktive – gibt es im Kulturland Kreis Höxter, doch für Kulturhistoriker ist die Kaiserkirche der Edelstein innerhalb der gesamten Klosterregion: Von Kloster Corvey aus missionierten Benediktinermönche ab dem Jahr 822 Norddeutschland und Skandinavien. Der Ort war klug gewählt, denn hier kreuzten sich zwei wichtige Handelsstraßen. Zwischen 873 und 885 entstanden die frühromanischen Doppeltürme der Abteikirche. Das sogenannte Westwerk – die Doppeltürme – gilt als eines der ältesten Bauwerke in Nordrhein-Westfalen. Staunend stehen wir im Innern der Türme, gehen in die Versammlungshalle, die einst für Treffen mit Kaisern und Fürsten genutzt wurde, und betrachten auch die Wandmalereien aus Karolingischer Zeit; einzigartig sollen sie nördlich der Alpen sein. Corvey wurde am 21. Juni 2014 von der UNESCO als Weltkulturerbe ausgezeichnet und trägt als Welterbestätte den offiziellen Titel „Das Karolingische Westwerk und die Civitas Corvey". Es ist die einzige UNESCO-Welterbestätte in Westfalen.

Manche der Besucher sind so beeindruckt von der prachtvollen barocken Ausstattung der Kirche St. Stephanus und Vitus aus dem 17. Jahrhundert, dass sie den uralten Teil des Bauwerks glatt übersehen: die Doppeltürme, die über 1.200 Jahre Geschichte kennzeichnen! Das jedenfalls erzählt man sich hinter vorgehaltener Hand schon mal in Corvey. Und eilige Besucher finden auch nicht den Weg auf den Friedhof direkt neben dem Kirchenschiff und damit zur Grabstätte von August Heinrich Hoffmann von Fallersleben, dem Verfasser unserer Nationalhymne.

1 Doppeltürme: Corveys Westwerk
2 Juwel: Kloster und Schloss
3 Üppig: barockes Kircheninneres

Wir schließen uns einer Führung durch die barocke Schlossanlage an, erfahren jede Menge geschichtlicher Daten von Äbten und Adligen durch die Jahrhunderte bis in unsere Zeit. Ein Teil des Schlosses wird privat bewohnt von den Nachfahren des herzoglichen Hauses von Ratibor und Corvey, das seit der ersten Hälfte des 19. Jahrhundert in der Erbfolge in den Besitz der ausgedehnten Schlossanlage kam.
Ausgedehnt und keinesfalls Raum sparend – so entstand ab 1699 innerhalb von 20 Jahren die dreigeschossige Vierflügelanlage am Weserufer: der weite Kreuzgang, die Prunk- und Wohnräume, der prächtige Kaisersaal aus dem Jahr 1706, der sich über zwei Stockwerke erhebt und heute auch für Trauungen genutzt werden kann.

In 15 eleganten Sälen ist die Fürstliche Bibliothek zu Hause: 75.000 Bände umfasst die Sammlung; heute ist sie eine der größten privaten und wohl auch wertvollsten Bibliotheken Deutschlands. 14 Jahre wirkte Hoffmann von Fallersleben in den Räumen als Bibliothekar, während dieser Zeit erweiterte er die Sammlung um 30.000 Bände auf den jetzigen Stand.
Geschichte und Geschichten – Corvey ist überreich davon. Und die Nachbarschaft der riesigen Anlage ebenfalls: Schon im 9. und 10. Jahrhundert entstand zwischen Kloster Corvey und dem heutigen Höxter eine Stadt mit mehr als 7.000 Bewohnern – ein unter den Äckern verborgenes „westfälisches Pompeji". Schlummernd in der Erde, ein archäologischer Schatz.
Mittagspause machen wir im Schlossrestaurant Corvey, bevor wir am Nachmittag ins gepflegte Grün der Klosterregion reisen, zum Schlosspark in Rheder und dem Gräflichen Park in Bad Driburg.

Infos

Schloss Corvey
37671 Höxter, Tel. 05271/69 40 10
www.schloss-corvey.de
Öffnungszeiten: 8. April–1. November tägl. 10–18 Uhr, im Winterhalbjahr nur bei Gruppenführungen mit Voranmeldung, Tel. 05271/681 68
Führungen: Sa, So, Feiertage 11 und 15 Uhr, Gruppen nach vorheriger Anmeldung, Dauer ca. 1–1,5 Stunden

Gottesdienstzeiten in der Klosterkirche
St. Stephanus und Vitus: So 8.30 Uhr
www.pv-hx.de
Eintritt: Erwachsene 9 €, erm. 5 €, Familien 18 €

Schlossgastronomie Corvey
Corvey 1, 37671 Höxter, Tel. 05271/83 23
www.schlossgastronomie-corvey.de
Öffnungszeiten: Sommer Di–So 11–18 Uhr

Grabstätte: H. Hoffmann von Fallersleben

SAMSTAGNACHMITTAG

Das Kulturland Kreis Höxter ist groß, sehr groß: Mit zehn Städten, 124 Ortschaften und etwas mehr als 143.000 Einwohnern zählt es zu den flächengrößten Kreisen in Nordrhein-Westfalen. Weit ist der Weg daher von Höxter über Godelheim und Brakel auf der B 64/B 252 bis nach Rheder, unserer ersten Station an diesem Samstagnachmittag.
Unser Tipp: Weitere besondere Ziele stehen in der Sammelmappe „Erlesene Natur – Aktiv & unterwegs", die es beim Kulturland Kreis Höxter (siehe Seite 66) gibt.

Lebendes Bauwerk: Weidenpalais am Schloss Rheder

„Weidenpalais" – ein Schild an der viel befahrenen Bundesstraße weist uns auf Rheders außergewöhnliche Attraktion hin: 30 Meter lang, bis zu zehn Meter hoch ist das lebende Bauwerk, gesteckt und gebunden aus vielen hundert Weidenruten, ein wenig versteckt hinter den Brau- und Lagerhäusern der Gräflich von Mengersen'schen Dampfbrauerei. Unter Leitung des süddeutschen Landschaftskünstlers und Architekten Marcel Kalberer haben 300 Schüler, Jugendliche und freiwillige Helfer im Frühjahr 2012 das filigrane Flechtwerk geschaffen. Zwei Türme ragen aus dem Grün hervor, sie sollen an das Westwerk der Klosterkirche Corvey erinnern.

Weidenpalais – nicht einfach hübsche Land-Art zum Anschauen, sondern ein ebenso exklusiver wie exotischer Platz zum Feiern und Heiraten. „Dann hängen wir am Palais das Schild Standesamt auf, denn wir haben hier die Außenstelle des Standesamtes Brakel etabliert", erläutert uns Gabriele Freifrau von Spiegel bei einem kleinen Rundgang. Und wenn's mal regnet, fällt die Hochzeit dann buchstäblich ins Wasser des nebenan so sanft dahinplätschernden Nethe-Flusses? Nein, dann kann ausgewichen werden in den Barocksaal des ab 1750 errichteten Schlosses.

Weidenpalais, der acht Hektar große Landschaftspark mit den Kunstinszenierungen der amerikanischen Künstler Jenny Holzer und Henri Cole, dazu noch der kleine Barockgarten am Schloss – Rheder ist für uns eine Reise wert.

Natur trifft Kultur, das kleine Rheder – knapp 300 Einwohner – bietet uns beides: Auf der anderen Straßenseite der B 252 erhebt sich strahlend weiß die Pfarrkirche St. Katharina, an der Westfalens berühmter Barockbaumeister

1

2

WALD- UND WASSERWELTEN

Zwei Themenwege führen vom Weidenpalais aus durch den Landschaftspark: „Waldwelten" (1,5 km, Gehzeit 45 Min.) begeistern Pflanzenfreunde vor allem im Frühjahr (März bis Mai) mit zahlreichen Frühblühern, wie etwa Märzenbecher, Buschwindröschen und Schlüsselblumen. Auf der Route „Wasserwelten" an der Nethe (3 km, Gehzeit etwa 1 Stunde) kann man Graureiher in einer Kolonie entdecken und mit viel Glück auch Wasseramsel und Eisvogel.

www.erlesene-natur.de

1 Schloss Rheder
2 Pfarrkirche St. Katharina

Johann Conrad Schlaun ab 1716 mitgewirkt hat. War er der Planer des Gotteshauses? Oder der Bauleiter? Stammen die Ideen des üppigen barocken Innern von Schlaun? Man weiß es nicht.
Schade, dass wir an diesem sonnigen Samstagnachmittag noch weiter wollen und das satte Grün des Landschaftsparks nicht länger ausgiebig genießen können. Unser Tipp: Planen Sie in Rheder einen längeren Aufenthalt ein. Denn samstags und sonntags werden neben dem Weidenpalais im Bistro-Biergarten die Biere der Schlossbrauerei ausgeschenkt – frisches Pils und Weizen mit über 325-jähriger Brautradition.
Für uns wird kein Dampfbier am Samstagnachmittag gezapft! So fahren wir weiter von Rheder aus auf den Bundesstraßen B 252/B 64 über Brakel bis Bad Driburg zum Gräflichen Park – mit seiner Fläche von 64 Hektar einer der schönsten Landschaftsparks in Deutschland.
Gepflegt, mit Liebe zur Natur und mit Leidenschaft – so begegnet uns der Gräfliche Park, seit dem 18. Jahrhundert im Privatbesitz der Familie Graf von Oeynhausen-Sierstorpff. Stundenlang könnten wir durch den englischen Landschaftspark wandeln und uns doch nicht sattsehen an der Blumen- und Pflanzenpracht. Schade nur, dass bei unserem Besuch an diesem Samstagnachmittag keine fachkundige Führung stattfindet.
Doch auch ohne die Erläuterungen von Parkleiter Heinz-Josef Bickmann und Gärtnermeister Dieter Pollmann, die sich zusammen mit elf Kollegen um Blumen, Beete und Bäume sorgen, erfreuen wir uns an den verschiedenen Themengärten, dem Rosen- und dem Heckengarten, der Lilienwiese, an Rhododendren und Azaleen. Drei unterschiedliche Beetbepflanzungen fügen sich ein in den Naturkreislauf des Jahres, besonders farbenprächtig ist im Herbst die Laubfärbung von Ahorn, Buchen, Tulpen- und Blauglockenbäumen. Manche der Baumriesen wurden bereits 1782 bei der Gründung des Parks gepflanzt. Ab Anfang Mai bis Ende Oktober lädt der Park ein zum Flanieren und Verweilen. Dabei sollten Sie auch den herausragenden Piet-Oudolf-Garten nicht verpassen. Der renommierte niederländische Gartengestalter Oudolf fügte 2009 einen Stauden- und Gräsergarten in die historische Parkanlage ein. Neue Attraktion im Irrgarten des Parks ist die begehbare Skulptur „Kopf und Körper Bad Driburg" des Künstlers Michael Sailstorfer: ein hölzerner Hochsitz – geformt als Kopf –, der in die Landschaft schaut und Ausblicke dorthin ermöglicht.

235 Jahre lange Tradition der Grafenfamilie, die das Heilbad, die Naturparkquellen und den noblen Hotelkomplex, mit mehreren Restaurants sowie einem großzügigen Spa- und Wellnessbereich ihren Besitz nennt, vermitteln uns als Besucher Beständigkeit und bleibende Werte. „Wer einmal bei uns war und unser Kulturland erlebt hat, der kommt ganz bestimmt wieder", meint Annabelle Gräfin von Oeynhausen-Sierstorpff, die gemeinsam mit ihrem Mann Graf Marcus in der siebten Generation Park und Hotel, dazu Kurkliniken und den Quellenbetrieb leitet. Stimmt! Das fanden auch schon andere: Annette von Droste-Hülshoff, Westfalens große Dichterin, weilte ab 1813 gleich dreimal in dem Heilbad.

Infos

Schloss Rheder und Gräflich von Mengersen'sche Dampfbrauerei Rheder
Nethetalstraße 10, 33034 Rheder
Tel. 05272/392 30
www.schlossbrauerei-rheder.de
Öffnungszeiten Biergarten und Café-Orangerie: Mai–September
Sa 14–19 Uhr, So, Feiertage 12–19 Uhr

Gräflicher Park
Brunnenallee 1, 33014 Bad Driburg
Tel. 05253/952 30
www.graeflicher-park.de, www.eghn.org
Öffnungszeiten: April–Oktober
tägl. 8–18 Uhr
Eintritt: Erwachsene 5 €
(inkl. 50 Proz. Verzehrgutschein),
Kinder bis 14 Jahre frei
Führungen durch den Park: Di 14.30 Uhr,
Anmeldung im Gästeservice-Center
im Park, Tel. 05253/952 37 00
Gruppenführungen auf Anfrage
(Tel. 05253/95 23-502 oder -503)
Kosten: p. P. 3 €, Dauer etwa 90 Min.

1 Radtour entlang der Nethe
2 Gräflicher Park Bad Driburg

SAMSTAGABEND

18 Uhr ist es bald, sodass wir kurz vor Toresschluss vom Gräflichen Park aus aufbrechen und über die B 64 bis Brakel fahren. Von dort geht es weiter auf der B 252 Richtung Warburg – die alte Hansestadt wird unser erstes Sonntagsziel. In Warburg folgen wir den Schildern nach Germete, wo wir übernachten werden. Dafür hatten wir im Landhotel ten Hoopen – Gasthof Deele, einem Fachwerkhaus aus dem Jahr 1745, unser Zimmer frühzeitig reserviert.

Lebhaft geht es in dem beliebten Gasthof zu, an der Theke diskutieren ein paar Germeter intensiv über Windkraftanlagen. Von den Windrädern gibt es auf den weiten Feldern der Warburger Börde viele, manche meinen schon viel zu viele. Wir lassen sie weiterdiskutieren, beziehen unser Zimmer und freuen uns am Abend über die bürgerlichen Speisen. Oder Sie übernachten direkt im Gräflichen Park im Grand Resort und essen dort zu Abend.

Nachtquartier: Hotel ten Hoopen

Übernachtungstipps

Hotel ten Hoopen – Landgasthof Deele
Zum Kurgarten 24, 34414 Warburg-Germete
Tel. 05641/84 83, www.hotel-tenHoopen.de

Gräflicher Park Grand Resort
Brunnenallee 1, 33014 Bad Driburg
Tel. 05253/952 30, www.graeflicher-park.de

SONNTAGVORMITTAG

Flott sind wir an diesem Morgen vom dörflichen Germete ins Warburger Zentrum gefahren, wo wir in der Marktstraße auch gleich unser Auto abstellen können (wochentags einen der ausgewiesenen Parkplätze nutzen, in Warburg wird kontrolliert). „Hansestadt Warburg – Fast 1.000 Jahre in zwei Stunden" ist das Motto unseres drei Kilometer langen Rundgangs, für den wir uns bei der Vorbereitung unserer Wochenendtour ein kleines Faltblatt von der Warburg-Touristik haben zuschicken lassen.
Viel Fachwerk prägt die Hansestadt, deren erste Siedlungsspuren an der Handelsstraße von Paderborn nach Kassel bis ins Jahr 1036 zurückreichen. Schnitzwerk der Weserrenaissance entdecken wir am Böttrichschen Haus. Ab 1558 wurde das feudale Vierständerhaus erbaut – vermutlich von einem Getreidehändler –, heute dient es als Pfarrzentrum der katholischen Kirchengemeinde.
Im Tal von Diemel und Twiste entwickelte sich das alte Warburg. 1471 wurde am Altstadtmarkt das Zunfthaus der Bäcker errichtet. Heute gilt das dreigeschossige Gebäude mit den beiden holzgeschnitzten Figuren, den „Eckmänneken", als ältestes bekanntes Fachwerkhaus in Westfalen. Zur Altstadt könnte man auch Unterstadt sagen, was die Altstädter nicht gern hören würden. Denn hoch oben auf der Höhe entstand zu Beginn des 13. Jahrhunderts die Neustadt. Für uns schaut sie eher aus wie die Oberstadt. Aus strategischen Gründen geschah das wohl, denn von der Höhe war die Bedrohung durch feindliche Angreifer sehr viel früher zu erkennen.
Im Jahr 1436 wurden beide Stadtteile zusammengelegt. Wir pendeln bei unserem Stadtrundgang zwischen Alt- und Neustadt und müssen gut zu Fuß sein. Steil sind die Anstiege durch enge Gassen an der Altstädter Pfarrkirche Mariä Heimsuchung und dem gemeinsamen Rathaus aus dem Jahr 1568, gute 50 Höhenmeter sind stets zu überwinden. Das hält so manchen Warburger lange fit, denken wir uns!
Das Rathaus steht haargenau auf der einstigen Grenze von Alt- und Neustadt. Und dann entdecken wir auch den zutreffenden Straßennamen „Zwischen den Städten".

1 Wehrhaft: Hansestadt Warburg **2** Gepflegt: Fachwerk in der Altstadt
3 Tragend: die beiden Eckmänneken

Infos

Warburg Touristik
Neustadt-Marktplatz, Hauptstraße 55
34414 Warburg, Tel. 05641/90 88 00
www.warburg-touristik.de

SONNTAGNACHMITTAG

Gern wären wir noch länger in der hübschen Hansestadt geblieben, doch wir wollen die Wasserspiele in Kassel von Anbeginn erleben: Sie sind ein einzigartiges Spektakel, zu dem jedes Mal Tausende Besucher in den Bergpark kommen. Auf rund 300 Metern Höhenunterschied rauschen vom Herkules-Monument aus 400.000 Liter Wasser über Kaskaden, durch steinerne Becken und Rinnen, zwischen felsigem Stein und Teichen in die Tiefe – eine weltweit einzigartige Inszenierung. Besonders beeindruckend ist die 50 Meter hohe Große Fontäne vor Schloss Wilhelmshöhe, die allein durch den Wasserdruck diese Höhe erreicht. Die Wasserkunst und der mit 240 Hektar Fläche größte Bergpark nördlich der Alpen mit einem 45 Kilometer langen Wegenetz wurde ab 1696 vom hessischen Landgrafen Karl geschaffen. Seit Sommer 2013 steht der Bergpark Wilhelmshöhe auf der Liste des UNESCO-Kultur- und Naturerbes.

DIE KUNST DER WASSERKUNST

Was steckt hinter der Wasserkunst? Wie funktioniert die alte Technik? Die Besucher dieser geführten Tour erhalten Antworten auf diese und viele weitere Fragen zu der einzigartigen Wasserkunst im Bergpark von Kassel. So wird beispielsweise der Verlauf der teilweise 300 Jahre alten Rohrleitungen erklärt. Außerdem gibt es Näheres zum Herkules-Denkmal und zu den einzelnen Wasserspielstationen zu erfahren. Hinweis: Bei dieser Führung werden die Wasserspiele nicht betrieben!

www.museum-kassel.de

Viel haben wir erlebt an diesem Wochenende. Kultur und Natur im Einklang, abwechslungsreich und voller Geschichten – und viel Geschichte. Und das in einer Ecke von Nordrhein-Westfalen, die wir bis dahin niemals so recht auf unserem Kurzreiseplan hatten. Kulturland Kreis Höxter – schön ist es bei euch!

Rauschend: Wasserkunst in Kassel

Infos

„Wasserkunst" (Wasserspiele)
Termine: 1. Mai–3. Oktober Mi, So, Feiertage ab 14.30 Uhr, Dauer etwa 1 Stunde
www.museum-kassel.de
Treffpunkt: Kasse Besucherzentrum am Herkules (von der A 44 und von Kassel-Innenstadt der Beschilderung Herkules folgen)

Kulturland Kreis Höxter
Corveyer Allee 7, 37671 Höxter
Tel. 05271/97 43 23
www.kulturland.org

Weitere touristische Angebote im Kulturland Kreis Höxter und in Kassel

Im Kulturland: 20 Lieblingstouren für Wanderer

20 Spazierwege und Wanderrouten – zwischen 2,5 und 32 Kilometern lang – sind in der Broschüre „Lieblingstouren im Kulturland Kreis Höxter" vorgestellt. Von der Eisvogelbeobachtung an der Emmer über den Indian Summer an der Weser bis zum Winterspaziergang auf dem erloschenen Vulkankegel des markanten Desenberges bei Warburg reichen die Vorschläge. Jeder Tourenvorschlag enthält neben den Angaben zur Streckenlänge und dem Höhenprofil auch Tipps zu den Einkehrmöglichkeiten (mit Öffnungszeiten) sowie den Sehenswürdigkeiten entlang des Weges. Die Broschüre gibt es kostenlos bei Kulturland Kreis Höxter (siehe Seite 66).

Weser-Skywalk

Der Grand Canyon hat einen und die Weser bei Würgassen ebenfalls – einen Skywalk. An den Hannoverschen Klippen klebt diese luftige Aussichtskanzel in rund 80 Metern Höhe über dem Fluss und bietet Rundblicke von Beverungen-Herstelle bis nach Bad Karlshafen. Von Würgassen aus (Parkplatz an der Weser-Fahrradfähre) führt eine etwa zwei Kilometer lange, gekennzeichnete Route (Holzweg) bergauf durch uralten Wald mit Eichen und Buchen zum Weser-Skywalk, der vier Meter aus der Klippenwand hervorragt. An den Hannoverschen Klippen leben Tiere und Pflanzen, die ansonsten in sehr viel wärmeren Gebieten zu Hause sind, da die Sandsteinfelsen tagsüber die Wärme aufnehmen und speichern. So wurden hier mehr als 500 Schmetterlingsarten nachgewiesen. Ganz in der Nähe steht der Dreiländerstein. Hier treffen sich die Landesgrenzen von Hessen, Nordrhein-Westfalen und Niedersachsen. Der Weser-Skywalk wurde im Mai 2011 eröffnet.

Parkplatz am Startpunkt zum „Holzweg", Würrigser Straße 4
37688 Beverungen-Würgassen
www.erlesene-natur.de

Kloster-Garten-Route

Mit dem Fahrrad von Kloster zu Kloster und zu den Klostergärten im Kulturland Kreis Höxter: Über eine Strecke von 190 Kilometern fahren Radler auf einer ausgeschilderten Route zu Abteigärten, Schlossparks und zum Garten der Sinne. In Zukunft soll die Route, die im Uhrzeigersinn ab Willebadessen über Brakel Höxter, Borgentreich und Warburg verläuft, noch erweitert werden mit dem Zwischenziel Marienmünster.

Informationen über Kulturland Kreis Höxter (siehe Seite 66)

Schloss Wilhelmshöhe

Im Bergpark Wilhelmshöhe oberhalb von Kassel entstand ab 1786 das Schloss Wilhelmshöhe im Stil des Klassizismus. Es ist heute vor allem bekannt durch die Gemäldegalerie Alte Meister mit bedeutenden Bildern von Rembrandt (mit zwölf Werken sind hier die meisten Rembrandt-Gemälde in einem deutschen Museum zu sehen), Frans Hals und Rubens sowie Werken von Albrecht Dürer, italienischen und spanischen Künstlern.

Schlosspark 1, 34131 Kassel
Tel. 0561/316 80-123
www.museum-kassel.de

Öffnungszeiten: Do–Di, Feiertage 10–17 Uhr, Mi 10–20 Uhr
Eintritt: Erwachsene 6 €, erm. 4 €, Kinder bis 18 Jahre frei

Korbmachermuseum

Seit 1994 erzählt das Museum die Geschichte der Dalhausener Korbmacherei, die im 19. Jahrhundert hier der Haupterwerbszweig war. Bis in die 1960er-Jahre waren fast alle Bewohner mit der Herstellung oder dem Handel von Körben oder Korbmöbeln befasst. Durch Billigprodukte aus dem Ausland erlebte das Handwerk danach seinen Niedergang.

Lange Reihe 23, 37688 Beverungen-Dalhausen, Tel. 05645/18 23
www.korbmacher-museum.de
Öffnungszeiten: April–Oktober Di–Fr 14–17 Uhr, Sa, So, Feiertage 10–12.30 Uhr und 14–17 Uhr
Eintritt: 1 €

Möbelmuseum

Einblicke in die Handwerkskunst und die Geschichte der Möbeltischler in Ostwestfalen zeigt diese Sammlung, die 2002 eröffnet wurde und ein Stück Steinheimer Stadtgeschichte aus dem 19. Jahrhundert präsentiert.

Rolfzener Straße 1, 32839 Steinheim
Tel. 05233/85 52
www.moebelmuseum.de
Öffnungszeiten: Mi, So 14–17 Uhr, für Besuchergruppen auf Anfrage
Eintritt: frei

Sackmuseum

Lauter „Sackgesichter" sind im alten Nieheimer Kornhaus zu sehen. Säcke gelten neben irdenen Krügen als eines der ältesten Transportmittel. Die Ausstellung entstand aus einer Sammlung alter und neuer Säcke ab 1952.

Wasserstraße 6, 33039 Nieheim
Tel. 05274/95 36 30
www.sackmuseum.de
Öffnungszeiten: April–Mitte November Di 14–17 Uhr, Mi–So 10–17 Uhr
Eintritt: Erwachsene 3 €, Kinder 1,50 €

Westfalen Culinarium

So schmeckt Westfalen! Das ist das Motto der vier Erlebnismuseen rund um Brot und Schinken, um Käse, Bier und Schnaps. Alles andere als langweilige Schaustücke, dafür jede Menge überraschende Informationen zum westfälischen Genuss. Unbedingt probieren: frisch gebackenes Brot mit Schinken! Die Backzeiten sind Mittwoch und Sonntag von 11 bis 15 Uhr. „Nieheimer Bürgerbier" wird im Westfalen Culinarium nach Bedarf gebraut.
Alle zwei Jahre, in den geraden Jahren, gibt es seit 1998 den Nieheimer Käsemarkt. Mehr als 50 Käseproduzenten, ausschließlich Hofkäsereien und Manufakturen aus halb Europa, bringen ihre Käsespezialitäten zum Kosten und zum Kaufen auf den Nieheimer Käsemarkt. Beim 10. Markt kamen an drei Tagen über 60.000 Besucher nach Nieheim.

Lange Straße 12, 33039 Nieheim
Tel. 05274/83 04
www.westfalen-culinarium.de
Öffnungszeiten: April–Anfang November Mi–So, Feiertage 10–18 Uhr
Eintritt: Erwachsene 6 €, Kinder/Jugendliche 2 €, Familien 10 € (nur So und Feiertage), So ab 13 Uhr kostenlose Führung (Dauer: 90 Min.)

Fulda und die Rhön

Bonifatius und Barock

Bischofsstadt, Barockstadt, Bonifatiusstadt und auch Kongressstadt – Fulda in Osthessen. Der Dom ist das Wahrzeichen der Stadt, die Grabstätte des Heiligen Bonifatius. Das Wochenende führt uns auch in die Rhön, in das Land der offenen Fernen: Segelflieger starten an der Wasserkuppe. Die Radarkuppel auf Hessens höchstem Berg und die Gedenkstätte Point Alpha erinnern an die deutsche Teilung.

Anfahrt

Mit dem Auto über die A 1 Richtung Münster, A 44 Dortmund – Kassel, A 7 Kassel – Würzburg bis Ausfahrt Fulda-Nord

Mit der Bahn über Kassel-Wilhelmshöhe oder Frankfurt (Main) Hbf. bis Fulda (ICE-Bahnhof), weiter mit Bussen der Lokalen Nahverkehrsgesellschaft Fulda (LNG) in die Region
www.bahn.de, www.LNG-Fulda.de

FREITAGNACHMITTAG

Von der Autobahn A 7 (Abfahrt Fulda-Mitte) sind wir gleich über die B 458 in Richtung Hilders über Dietges und Abtsroda in die Höhe gefahren. Hinauf auf 950 Meter zur Wasserkuppe. Das breite, buckelige Plateau ist nicht nur Hessens höchster Berg, sondern vor allem samstags und sonntags als Touristenmagnet total überlaufen. Weit mehr als 1,5 Millionen Besucher sollen jährlich auf den Berg kommen. Deshalb also – besser gleich hinauf am Freitag als Start in unser Wochenende! Ziemlich verbaut schaut es hier oben für uns auf den ersten Blick aus: Segelflugmuseum, die Infostelle der Rhön-Touristik, Schuppen und Lagerhallen für Segelflugzeuge, die ehemaligen kasernenartigen Unterkünfte der Radarsoldaten der Amerikaner, Briten und der Bundeswehr, wohl jede Zeit hat auf dem Bergplateau ihren speziellen Baustil hinterlassen. Und dennoch, in Fulda und in der Rhön gewesen zu sein, und dann nicht auf der Wasserkuppe? Da hätte etwas gefehlt bei unserem Wochenendtrip in die Mitte Deutschlands, gerade mal rund drei Autostunden vom Rheinland entfernt. Beim Rundgang von den riesigen Parkplätzen aus beobachten wir Segelflieger und nahe der Radarkuppel, dem Radom, Paraglider aus der Nähe. Scheinbar mühelos heben sie vom Boden ab, getragen von der Thermik und den günstigen Aufwinden an den sanften Hängen des breiten Bergbuckels. Schneereste sind im späten Frühjahr noch auf den braunen Grasflächen zu erkennen. Die Winter können auf der Wasserkuppe lang und hart sein, erst zwei Tage zuvor hatte es in den Nachtstunden nochmals „geflöckelt". Wir wandern dann noch ein paar Hundert Meter bergab, entlang der Durchgangsstraße nach Südosten, und gelangen zur Quelle der Fulda. Als Rinnsal plätschert das Wasser munter durch die steinerne Rinne. Wir lernen dabei, dass die Hohe Rhön eine wasser- und wohl auch regenreiche Region ist. Mehr als 1.100 Millimeter Niederschlag melden die Wetterkundler jährlich in den Höhenlagen der Rhön, in Frankfurt sind es nur gut 600 Millimeter. Und der Name sagt es sowieso: Wasserkuppe! Doch heute haben wir einfach Glück. Hatten wir das schöne Wetter mit dem blauen Himmel etwa vorher bestellt?

Links Barocke Pracht: Stadtschloss Fulda
Rechts Fliegerdenkmal auf der Wasserkuppe

FREITAGABEND

Mit der niedergehenden Sonne machen wir uns auf den Weg nach Fulda, über Poppenhausen zur B 458 und dann vorbei an Dipperz auf schnellem Weg in die Bischofs- und Barockstadt. Doch bitte nicht zu schnell! Überall in der Rhön wird geblitzt, aus Starenkästen und aus grauen Säulen am Fahrbahnrand. Wer also nach dem Wochenende kein Foto in der Post haben möchte, der beachtet strikt die Geschwindigkeitszeichen.
Im traditionsreichen Hotel „Goldener Karpfen" finden wir die hübsche, romantische Bleibe fürs Wochenende. Die über 100-jährige Herberge gilt als eines der besten Hotels in Fulda und liegt ruhig am Rand der Altstadt. Auch das Abendessen lassen wir uns hier schmecken – eine gute Wahl. Alternativ empfehlen wir den Platzhirsch. Stararchitekt Sepp Ruf plante das Gebäude, in dem früher die Telekom untergebracht war. Das Hotel liegt in der Altstadt gegenüber der Stadtpfarrkirche.

Traditionsreich: Goldener Karpfen

Übernachtungstipps

Romantik-Hotel Goldener Karpfen
Simpliziusbrunnen 1, 36037 Fulda
Tel. 0661/868 00
www.hotel-goldener-karpfen.de

Platzhirsch
Unterm Heilig Kreuz 3–5
36037 Fulda
Tel. 0661/901500-0
www.platzhirsch-fulda.de

SAMSTAGVORMITTAG

Wir sind verabredet mit Gästeführer Klaus H. Orth. Der gebürtige Fuldaer kennt seine Heimatstadt sprichwörtlich so gut wie seine Westentasche. Orth ist einer von über 60 Guides, die den Besuchern die Besonderheiten Fuldas näherbringen.

FULDA KOMPAKT – IN EINER STUNDE

Über 60 Stadtführungen zu verschiedenen Themen werden in Fulda angeboten – vom Kompaktrundgang über die Gartentour in barocke Parks und klösterliches Kräutergrün oder die Kostümführung durchs Stadtschloss und Museen bis hin zum Erlebnisrundgang für die Jüngsten von fünf bis neun Jahren. Unter dem Motto „Barock – was ist denn das?" können die kleinen Touristen in die geheimnisvolle Lebenswelt vergangener Zeiten eintauchen. Gut für den ersten Überblick ist der 60-Minuten-Rundgang, der täglich um 11.30 Uhr und um 15 Uhr angeboten wird.

www.tourismus-fulda.de

TV-Pionier: Physiker Braun

Für uns beginnt die Zeitreise in Fuldas Vergangenheit nach wenigen Schritten in der Kanalstraße mit der Erläuterung von Stadtguide Orth: „Ab dem 14. Jahrhundert floss hier der Zweigkanal der Fulda, dessen Wasser die Werkstätten beispielsweise der Wollweber versorgte." Vor etwas mehr als 100 Jahren wurde das Gewässer überbaut und heute deutet nur noch der Straßenname auf den Wasserlauf hin.

Wer zu den älteren Jahrgängen zählt, der kann sich noch erinnern: Fernsehgeräte hatten früher die Braun'sche Bildröhre; im Haus des heutigen Hotel am Schloss wurde ihr Erfinder, der Physiker und Universitätsprofessor Karl Ferdinand Braun, 1850 geboren. So verrät es auch eine Tafel an der Hauswand.

Fulda mit seinen rund 67.000 Einwohnern ist eine lebendige Stadt der kurzen Wege. Das macht uns das Zentrum Osthessens gleich sympathisch: Alle Sehenswürdigkeiten sind schnell zu Fuß und in wenigen Minuten erreichbar – das Auto legt auf dem Hotelparkplatz eine Pause ein.
Vom Handwerkerviertel und der Kanalstraße wechseln wir mit unserem Stadtführer in die barocke Pracht Fuldas und damit zum St.-Salvator-Dom, dem Wahrzeichen der Stadt. Das Gotteshaus ist die bedeutendste Barockkirche Hessens und Grabstätte des Heiligen Bonifatius, der als Apostel der Deutschen verehrt wird. In nur acht Jahren ab dem Jahr 1704 von dem berühmten fränkischen Barockbaumeister Johann Dientzenhofer errichtet,

Nur Natur: Marlies Piechotka

IN FULDA FÜRSTLICH SHOPPEN

Unter den 60 verschiedenen Stadtführungen in Fulda bietet dieser Rundgang Besonderes: Bei der zweieinhalbstündigen Tour mit einem Gästeführer werden Handwerker, Kreative und passionierte Ladeninhaber besucht. Dazu zählt beispielsweise die Designerin Marlies Piechotka, die in ihrem Geschäft in der Friedrichstraße exklusive Damenbekleidung ausschließlich aus Naturmaterialien führt. In Leinberger's Knopfladen am Marktplatz/Gemüsemarkt staunen die Besucher über die zahllosen Knopf-Varianten, die es hier noch wie früher zu kaufen gibt. Neben diesen Entdeckungen gibt es auch zwei kulinarische Stopps: In einer Kaffeerösterei werden Kaffeespezialitäten probiert und in einem Feinkostgeschäft gibt es hausgemachte Leckereien. Der Stadtrundgang „Fürstlich shoppen in Fulda" findet einmal pro Monat statt, jeweils samstags ab 10 Uhr, nach Absprache für Gruppen.

www.tourismus-fulda.de

vereint das Bauwerk Teile einer viel älteren Kirche aus dem 9. Jahrhundert, der Ratgar-Basilika. „Dientzenhofer hatte von Fürstabt von Schleifras den Auftrag, Türme und Teile des Westwerkes der alten romanischen Klosterkirche zu nutzen", erläutert Orth. So sind im Mauerwerk noch einige der uralten Steine zu entdecken. Lichtdurchflutet ist der helle Innenraum, der Hochaltar mit seinem Baldachin erinnert uns direkt an Rom und an den Petersdom. Stadtguide Orth rät uns: „Wenn Sie die Zeit haben, verbleiben Sie mal eine halbe Stunde oder länger im Dom. Das Spiel des Lichtes ändert sich bei Sonnenschein Minute für Minute – es ist faszinierend."

GRÜNES FULDA MIT PARKS UND KLOSTERGÄRTEN

Das grüne Herz von Fulda ist der weitläufige Schlossgarten aus dem 18. Jahrhundert zwischen Orangerie und Stadtschloss. Versteckt hinter hohen Mauern zwischen Kanalstraße und Domplatz wurde 1994 der Dahliengarten angelegt, in dem im Spätsommer 30 verschiedene Sorten blühen.
Im Garten der Benediktinerinnenabtei St. Maria in der Nonnengasse wurde ein Kräutergarten nach dem Vorbild des im 9. Jahrhundert von Abt Walahfrid Strabo auf der Insel Reichenau geschaffenen Heilpflanzengarten angelegt. Strabo hatte ab 825 als Mönch im Kloster Fulda gelebt und studiert. Um 840 schrieb er das Buch über die Kulturen der Gärten, das als bedeutendes botanisches Werk des frühen Mittelalters gilt. Da der Garten zum Klausurbereich gehört, ist er von Mai bis September nur samstags von 14 bis 16 Uhr zugänglich. Zu anderen Zeiten kann man von einer Terrasse am Klosterladen in den Garten schauen. Informationen: www.abtei-fulda.de
Auf dem Frauenberg (15 Minuten Fußweg von der Innenstadt) liegt der Garten des Franziskanerklosters mit Nutzpflanzen und Blumen – für Gartenliebhaber auch einen Abstecher wert.

www.tourismus-fulda.de

Stolz beherrscht das Gotteshaus den weitläufigen Vorplatz, auf dem sich zum Todestag von Bonifatius am 5. Juni Tausende fromme Pilger zu Gebet und Gesang treffen. Es ist einer der größten Plätze vor einer Kirche hierzulande. Kirchliche Tradition erlebt Fulda darüber hinaus mit der Deutschen Bischofskonferenz, die bereits seit 1867 alljährlich im Herbst in der osthessischen Stadt tagt.
Kurze Verschnaufpause von üppigem Barock und hinein in die frühe Romanik: Direkt neben dem Dom steht die Michaelskirche, zwischen 819 und 822 errichtet. Mit ihrer Krypta aus karolingischer Zeit ist die Kirche ein kulturhistorischer Schatz. Schlicht ist das Innere, der Altarraum von Säulen umkränzt – eine Stätte des Gebetes und der Meditation.
Die Fürstäbte und die späteren Fürstbischöfe ließen das prunkvolle Stadtschloss mit der Orangerie und dem Schlossgarten errichten. Gemeinsam mit dem Dom bilden die Bauten des 18. Jahrhunderts ein barockes Ensemble von ungewöhnlicher Geschlossenheit. Klaus H. Orth weist uns auf die Orangerie hin: „Vor der Freitreppe steht die fast sieben Meter hohe Floravase, ein Glanzstück der barocken Bildhauerkunst. Sie dient heutzutage als malerische Kulisse für die Fotos von Hochzeitspaaren."
Etliche Prunksäle des Schlosses sowie das kostbare Spiegelkabinett stehen den Besuchern als Museum offen; andere Räumlichkeiten werden vor allem von den Fuldaer Bürgern in dienstlichen Angelegenheiten aufgesucht – das Stadtschloss ist Sitz der Stadtverwaltung.
Gut zwei Stunden haben wir Fulda erkundet. Auf Schritt und Tritt sind uns dabei die Zeugnisse kirchlicher und weltlicher Macht aus vergangener Zeit begegnet, gegenüber dem Stadtschloss auch die barocken Adelspalais. Sie dienten einst den Hofbeamten als Wohnungen.
Klein im Vergleich zur barocken Pracht empfinden wir die Altstadt mit ihren engen, malerischen Gassen. Fachwerkhäuser am Severiberg und in der Rittergasse weisen auf die Bedeutung von Handwerkern und Zünften im 16. Jahrhundert hin. Ab durch die Rittergasse zur Mittagspause und folgerichtig ins Restaurant mit dem Namen „Zum Ritter", wo bürgerliche Küche serviert wird.

1

1 Prunkvoll: das Spiegelkabinett
2 Imposant: Sankt-Salvator-Dom
3 Verehrt: heiliger Bonifatius

Infos

Dom St. Salvator
Domplatz 1, 36037 Fulda

Michaeliskirche
Michaelsberg 1, 36037 Fulda

Fuldaer Stadtschloss
Schlosstraße 1, 36037 Fulda
Tel. 0661/102-18 14
Öffnungszeiten: Di–So 10–17 Uhr
Führungen: 1. April–31. Oktober Di–Do, Sa, So 10.30 Uhr und 14 Uhr, Fr 14 Uhr, 1. November–31. März Di–Fr 14 Uhr, Sa, So, Feiertage 10.30 Uhr und 14 Uhr
Eintritt: Erwachsene 3,50 €, erm. 2,30 €
Eintritt mit Führung: Erwachsene 5 €, erm. 3 €

Hotel „Zum Ritter"
Kanalstraße 18–20, 36037 Fulda
Tel. 0661/25 08 00
www.hotel-ritter.de
Öffnungszeiten: Mo–Sa 12–14.30 Uhr und ab 18 Uhr, So 12–14.30 Uhr

2

3

SAMSTAGNACHMITTAG

Barocke Pracht nicht allein in der Stadt, sondern auch ein paar Kilometer außerhalb in Eichenzell mit dem Schloss Fasanerie. Dafür folgen wir vom Zentrum der Ausschilderung Eichenzell und Schloss Fasanerie. Schon von Weitem ist das Bauwerk zu sehen, das als schönstes Barockschloss in Hessen bezeichnet wird. Richtig! Der Glanz heller Fassaden inmitten der sanften, hügeligen Landschaft stimmt heiter, der weitläufige Schlosspark mit seinem alten Baumbestand, Wiesen, Blumenbeeten und Seen lädt uns zum Verweilen und längerem Spaziergang durch das gepflegte Grün ein; zwischendurch genießen wir bei Kaffee und Kuchen auf der malerischen Terrasse des Schlosscafés den Ausblick.

Die Fürstäbte von Fulda ließen Eichenzell ab 1739 als ihre Sommerresidenz errichten; heute gehört das Sommerschloss zum Besitz der Landgrafen und Prinzen von Hessen. In den rund 60 Räumen – Kabinetten, kleineren und größeren Prunksälen – wird Kunst aus dem 18. und 19. Jahrhundert präsentiert. Wer im Frühjahr oder im Herbst bei kühlem Wetter an einer Führung teilnimmt, sollte sich warm anziehen – die Räume sind nicht beheizt. Immer wieder glänzen im Schloss hochrangige Sonderausstellungen. Außerdem finden Konzerte statt, vom Kammermusikabend bis zum Open-Air-Festival SchlossKlang, bei dem vor der märchenhaften Schlosskulisse getanzt werden darf. Im Frühjahr findet unter der Schirmherrschaft von Floria Landgräfin von Hessen das „Fürstliche Gartenfest" auf Schloss Eichenzell statt, zu dem zahlreiche Besucher anreisen. Jedes Jahr steht die mehrtägige Ausstellung von über 170 Gärtnereien, Baumschulen und Kunsthandwerkern unter einem besonderen Thema. Schau- und Mustergärten von Gartendesignern wie Peter Janke aus Hilden sind dann zu bewundern.

1

1 Gepflegt: Park in Eichenzell
2 Sommersitz: Schloss Fasanerie
3 Kulisse: Gartenfeste, Konzerte

Infos

Schloss Fasanerie
36124 Eichenzell, Tel. 0661/948 60
www.schloss-fasanerie.de, www.gartenfest.de
Schlossführung: April–Anfang November Di–So, Feiertage 10–17 Uhr jeweils zur vollen Stunde (Dauer 50 Min.)
Eintritt: Erwachsene 8 €, erm. 6 €
Kleine Besucher ab 4 Jahren werden vom Schlossgespenst durch die Säle begleitet.
Gespensterführung: April–Anfang November Di 14.45 Uhr, Sa, So, Feiertage 13.45 Uhr (Dauer 50 Min.)
Eintritt: 6 € pro Kind

SAMSTAGABEND

Mit vielen fürstlichen Eindrücken kehren wir am späten Nachmittag von Eichenzell nach Fulda und zum Hotel „Goldener Karpfen" zurück. Sollen wir abermals hier das Abendessen einnehmen? Oder lieber durch die Altstadt bummeln, etwa zu einem der italienischen Restaurants? Wer deftige Speisen mag und dazu gern süffiges Bier trinkt, der ist in Hohmanns Brauhaus richtig. Auf brasilianische Art werden verschiedene Fleischsorten am Spieß im Toro Negro aufgetischt, dem Panoramarestaurant des Esperanto-Hotels – viel Fleisch bei toller Aussicht von der Dachterrasse auf das abendliche Fulda. Für alle Geschmäcker bietet die Stadt etwas, doch sollte man unbedingt zuvor einen Tisch im Restaurant seiner Wahl reservieren. Fuldas Restaurants sind gerade samstagabends gut besucht.

Infos

Hohmanns Brauhaus (HBH)
Florengasse 3–5, 36037 Fulda
Tel. 0661/250 29 88-600
www.hohmanns-brauhaus.de
Öffnungszeiten: Mo–Fr 6.30–24 Uhr,
Sa 7–24 Uhr (Küche bis 22 Uhr), So 7–16 Uhr

Toro Negro
Esperantoplatz, 36037 Fulda
Tel. 0661/242 91-0
www.hotel-esperanto.de
Öffnungszeiten: tägl. ab 18 Uhr

SONNTAGVORMITTAG

Früh haben wir das romantische Goldkarpfen-Hotel verlassen und fahren über die B 458 vorbei an Dipperz, durch Finkenhain, Wolferts und Kleinsassen zum Wanderparkplatz an der Milseburg. Die frühe Abreise hat einen guten Grund, da uns Freunde aus Fulda geraten haben: Geht früh los, sonntags ist der sagenumwobene Berg ein beliebtes Ausflugsziel für die Fuldaer wie die Rhöner gleichermaßen.

Schon gegen 11 Uhr ist der Parkplatz gut gefüllt – Wanderer schnüren ihre Schuhe, wuchten Rucksäcke aus den Autos. Vom Parkplatz zweigen viele Routen ab, beliebt ist beispielsweise als Tagestour die landschaftlich reizvolle Route von der Milseburg durchs liebliche Biebertal über Grabenhöfchen und die blumenreichen Wiesen des Weiherberges bis auf 760 Meter Höhe zur Enzianhütte, in der freundliche Wirtsleute in uriger Atmosphäre deftige Speisen auftischen. Gut gestärkt brechen von dort aus manche Wanderer auf bis zur Wasserkuppe und schaffen weitere 200 Höhenmeter. Wir lassen es diesmal nicht so sportlich und weit angehen, sondern folgen dem steilen Weg zum Milseburggipfel, der an Zeugnissen früher keltischer Kultur vorbeiführt. In 45 Minuten erreichen wir den Gipfel mit der bewirtschafteten Milseburghütte, der Kapelle St. Gangolf und der barocken Kreuzigungsgruppe auf felsigem Gestein in 835 Metern Höhe. Kühl weht der Wind hier oben, blauer Frühlingshimmel beschert uns fantastische Rundsichten, herüber zur Wasserkuppe mit der Radarkuppel und in die Ferne bis nach Fulda.

Ade Milseburg, wir räumen unsere Ruhebank für die nächsten Wanderer, kehren zurück zum Parkplatz und steuern auf der B 458/B 278 über Dietges, Batten und Ehrenberg-Wüstensachsen die Lange Rhön und auf der Hochrhönstraße das Naturschutzgebiet

Land offener Fernen – die Rhön

Schwarzes Moor an. Karpatenbirken, Trollblumen, Wiesenschaumkraut und Waldstorchschnabel trotzen hier Wind und Wetter. Die einsame Hochebene bietet vielen vom Aussterben bedrohten Pflanzen und Tieren einen letzten Überlebensraum. Nur wenige markierte Wanderpfade zweigen von der Asphaltpiste ab.
Pause am Schwarzen Moor beim modernen Rhön-Informationszentrum, wo im Imbiss Bratwürste auf dem Grill brutzeln. Mittagsrast, bevor wir anschließend auf dem Bohlenpfad das Hochmoor erkunden. Vor rund 11.000 Jahren entstand die Moorlandschaft. Heute zählt das 66 Hektar große Moor zu den Schätzen des UNESCO-Biosphärengebietes Rhön.

VON DER UNESCO GEADELT: BIOSPHÄRENRESERVAT RHÖN

1991 wurde die Rhön von der UNESCO als Biosphärenreservat ausgezeichnet. 2014 wurde das Prädikat nach umfassender Prüfung für weitere zehn Jahre verliehen, gleichzeitig wurde das Gebiet um 22 Gemeinden in Bayern erweitert. UNESCO-Biosphärenreservat bedeutet nicht nur den Schutz von Tier- und Pflanzenarten (darunter viele gefährdete), sondern dazu zählt auch das Bewahren kultureller Vielfalt der Bewohner mit ihrer Geschichte, den Sprachdialekten und Bräuchen. In Deutschland gibt es 15 Biosphärenreservate, etwa das Wattenmeer, der Spreewald und das Berchtesgadener Land. Weltweit sind es über 650 Reservate in 120 Ländern.
Für die Bewahrung ihrer Natur haben sich die Rhöner schon früh engagiert: Bäche und Flüsse wurden geschützt oder naturnah wiederhergerichtet.
Natur, Kultur und Tourismus sind im ganzheitlichen Miteinander: Im Land der 1.000 Bäche wächst in Teichbetrieben beispielsweise die Rhöner Bachforelle heran, Rhönschafe ziehen über die Weiden, Äpfel der Streuobstwiesen werden zu Apfelsaft, Apfelwein, Sherry und sogar zu Apfelschaumwein gekeltert. Gastwirte und Hoteliers in der Rhön setzen – vorbildhaft für andere Feriengebiete – die regionalen Produkte ganzjährig auf ihre Speisekarten, fördern die Stärken ihrer Heimat und bringen den Besuchern die Rhön näher. Rhöner Lifestyle eben!

www.rhoener-charme.de, www.biosphaerenreservat-rhoen.de

Infos

Milseburghütte
36145 Hofbieber
Tel. 06684/91 94 55
www.milseburghuette.de
Öffnungszeiten: Mo–Mi, Fr, So 11–18 Uhr, Sa 11–20 Uhr

Rhön-Informationszentrum Schwarzes Moor
Schwarzes Moor 1, 97650 Fladungen
Tel. 09778/74 85 16
www.biosphaerenreservat-rhoen.de
Öffnungszeiten: tägl. 11–14 Uhr

1 Rastplatz am Schwarzen Moor
2 Zeugen keltischer Vergangenheit
3 Kreuzigungsgruppe Milseburg
4 Rhönschäfer Dietmar Weckbach

SONNTAGNACHMITTAG

Auf zur letzten Station dieses abwechslungsreichen Wochenendes und von Barock und uriger Natur kommen wir nun in Deutschlands jüngere Vergangenheit. Vom Schwarzen Moor aus fahren wir über Seiferts, Hilders, das hübsche Tann (B 278) ins thüringische Geisa und an der ehemaligen deutsch-deutschen Grenze zur Gedenkstätte Point Alpha – einem beklemmenden Ort, der an die deutsche Teilung von 1945 bis 1989 erinnert. Nirgendwo an der deutsch-deutschen Grenze standen sich US-Soldaten und DDR-Grenztruppen über 40 Jahre so nah Auge in Auge gegenüber wie an Point Alpha. Der Stützpunkt mit der amerikanischen Kaserne lag im Zentrum des sogenannten „Fulda GAP" (Fuldaer Lücke), über den die NATO im Ernstfall den Einmarsch von Truppen des Warschauer Paktes in die Bundesrepublik erwartete. Durch die Flusstäler – so die Annahme der Militärs – wären diese Truppen über Fulda dann schnell bis Frankfurt vorgedrungen. In Krisenzeiten waren in dem Camp bis zu 200 US-Soldaten stationiert. 1991 gab die US Army den Stützpunkt auf, vier Jahre später entstand auf dem Gelände zwischen Rasdorf und Geisa die Gedenkstätte. Heute zählen dazu die US-Kasernenanlage mit Ausstellungen, das Haus an der Grenze, Beobachtungstürme und der ehemalige Kolonnenweg mit Todesstreifen, Metallgitter- und Stacheldrahtzaun an der früheren deutsch-deutschen Grenze zwischen Hessen und Thüringen.

Vielfach wird Point Alpha als westlichster Punkt der deutsch-deutschen Grenze genannt. Das ist jedoch falsch: Rund zehn Kilometer weiter südlich, so zeigt es uns die Autokarte, ragt im Zipfel Rockenstuhl der Osten noch weiter in den Westen hinein. Sei's drum, heute spielt das keine Rolle mehr.

Die allerletzte Station bietet uns noch einmal Besonderes, das kaum bekannt ist: Rasdorf, der kleine Ort mit Superlativen, weist den größten Dorfanger in Hessen auf, 170 Meter mal 70 Meter, und mit der früheren gotischen Stiftskirche St. Johannes d. Täufer und Caecilia aus dem 13. Jahrhundert die wertvollste Basilika der Diözese Fulda. Gut erhalten ist auch der mittelalterliche Wehrfriedhof. Mit hoher Mauer und vier Wehrtürmen bot die Anlage Schutz in Kriegszeiten. Daher lohnt der Abstecher nach Rasdorf in der Nähe der Gedenkstätte Point Alpha.

1 Point Alpha: Metallgitterzaun
2 Stützpunkt: Panzer der US-Truppen
3 Gotik: Stiftskirche in Rasdorf

Infos

Gedenkstätte Point Alpha
Platz der Deutschen Einheit 1, 36419 Geisa
Tel. 06651/91 90 30
www.pointalpha.com
Öffnungszeiten: April–Oktober tägl. 9–18 Uhr, November–März tägl. 10–17 Uhr, Dezember–Februar Di–So 10–16.30 Uhr
Eintritt: Erwachsene 6 €, erm. 5 €, Familien 18 €

Rasdorf
Tourist-Info, Am Anger 2, 36088 Hünfeld
Tel. 06652/18 01 95
www.rasdorf.de
www.hessischeskegelspiel.de

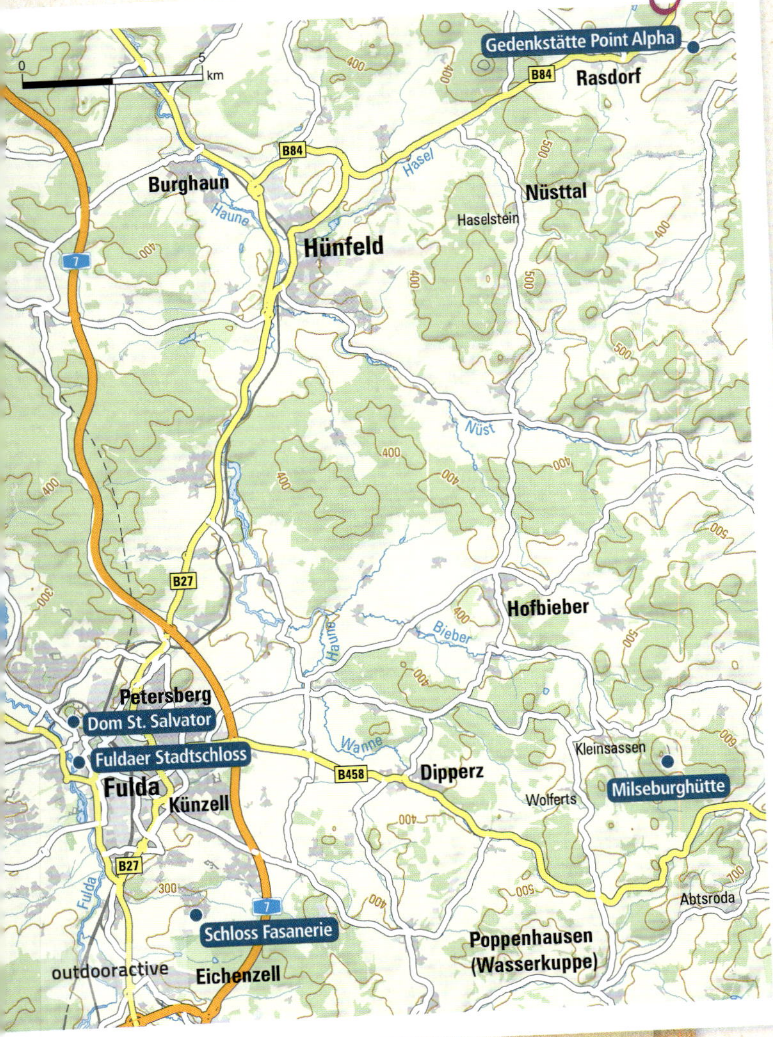

Tourismus- und Kongress-management Fulda

Bonifatiusplatz 1/Palais Buttlar, 36037 Fulda
Tel. 0661/102 18-14 oder 102 18-13
www.tourismus-fulda.de

Weitere touristische Angebote in Fulda und der Rhön

Hochrhönstraße

Wo gibt es das ein zweites Mal in Deutschland? Zwischen Bischofsheim und Fladungen schlängelt sich diese Straße durch einzigartige Natur und berührt auf 25 Kilometern Länge keine Siedlung, keinen Ort und kein Dorf. Das Gebiet ist eine der größten Naturschutzzonen Bayerns und bietet vielen vom Aussterben bedrohten Pflanzen und Tieren einen Überlebensraum. Reisende fühlen sich auf der Route an die einsamen Regionen Lapplands in Nordnorwegen oder an schottische Hochebenen erinnert. Entlang der Straße gibt es einige Wanderparkplätze.

Hochrhönring

Sie wird auch als die „Route 66 der Rhön" bezeichnet. Die ausgeschilderte Rundstrecke beginnt in Poppenhausen und führt zu den beiden höchsten Rhön-Bergen, zur Wasserkuppe (950 m) und vorbei an der Milseburg (835 m). Die 42 Kilometer lange Route wird im Sommerhalbjahr von zahlreichen Motorradfahrern genutzt, die auch mal mit überhöhtem Tempo die Kurven schneiden. Daher ist für Autofahrer Vorsicht geboten.

Radom-Radarkugel auf der Wasserkuppe

Schon von Weitem sichtbar ist die helle Radom-Kugel auf der Wasserkuppe. Von hier aus überwachten NATO-Soldaten zu Zeiten des „Kalten Krieges" mit Radaranlagen den Flugverkehr in der damaligen DDR und den Staaten des Warschauer Paktes. Nach dem Abzug der Soldaten konnte das über 60 Jahre lang hermetisch abgesperrte Militärgelände mit der Radarkuppel ab dem 27. Juni 2009 zivil genutzt werden. Von der Aussichtsplattform bieten sich heute fantastische Rundblicke über die grüne Rhönlandschaft.

RADOM Flug gGmbH
Wasserkuppe 950, 36129 Gersfeld (Rhön)

Tel. 06681/967 78 12
www.radom-wasserkuppe.de
Öffnungszeiten: Sommer tägl. 9–19 Uhr
Eintritt: Erwachsene 4 €, erm. 2 €, Senioren 3 €, Familien 9 €

Deutsches Segelflugmuseum

Mit 950 Metern ist die Wasserkuppe nicht nur Hessens höchster Berg, sondern auch die Heimat der Segelflieger und Flugpioniere. Bereits 1911/12 gab es dort erste Gleitflüge, im August 1912 gelang dem Darmstädter Schüler Hans Gutermuth auf der Wasserkuppe ein Gleitflug von 838 Metern in 112 Sekunden. Sein Flugzeug war ein mit Bambusstangen erbauter Doppeldecker mit einer Spannweite von zehn Metern. Über die Geschichte von Segelflug und Modellfliegerei informiert seit 1987 das Museum auf der Wasserkuppe. Es ist weltweit das einzige Museum, das sich speziell mit diesen Themen befasst.

Wasserkuppe 2, 36129 Gersfeld/Rhön
Tel. 06654/77 37
www.segelflugmuseum.de
www.wasserkuppe-rhoen.de
Öffnungszeiten: 1. April–31. Oktober tägl. 9–17 Uhr, 1. November–31. März tägl. 10–16.30 Uhr
Eintritt: Erwachsene 5 €, Kinder 3 €, Familien 12 €

Pfundsmuseum

In diesem Museum dreht sich dank mehrerer Tausend Exponate alles um Waagen – von der Antike bis heute, von der Viehwaage bis zu den feinsten Messgeräten der Chemiker.

Julius-von-Kreyfelt-Straße 1
36145 Hofbieber-Kleinsassen
Tel. 06657/16 07
www.pfunds-museum.de
Öffnungszeiten: April–Oktober Mi–Fr 14–18 Uhr, Sa, So, Feiertage 10–18 Uhr, November–März Fr 14–18 Uhr, Sa, So 10–18 Uhr
Eintritt: Erwachsene 2,50 €, Kinder/Jugendliche 1,50 €

Vonderau-Museum

Exponate zur Stadt- und Kulturgeschichte, Naturkunde und eine Sammlung zu Malereien und Skulpturen der Region sind zu sehen. Was wohl nur den Experten bekannt sein dürfte: Fulda war auch Autostadt. Zwischen 1950 und 1969 wurde hier vom Unternehmen Elektromaschinen Fulda GmbH der Kleinstwagen Fuldamobil montiert. Das Fahrzeug hatte anfangs drei Räder; insgesamt entstanden rund 2.900 Fuldamobile. Zwei Exemplare sind in dem Museum ausgestellt.

Jesuitenplatz 2, 36037 Fulda
Tel. 0661/102-32 10
www.fulda.de/kultur
Öffnungszeiten: Di–So, Feiertage 10–17 Uhr
Eintritt: Erwachsene 3,50 €, Familien 8,20 €

Der heilige Berg der Franken: Kreuzberg

Die einen kommen als Pilger, andere ganz einfach als Bier-Genießer auf den 928 Meter hohen Kreuzberg in der Bayerischen Rhön. „Heiliger Berg der Franken" wird der weithin sichtbare Gipfel auch genannt. Das Franziskanerkloster auf dem Kreuzberg liegt in 864 Metern Höhe und ist Jahr für Jahr das Ziel von 70 bis 80 Wallfahrten. Insgesamt wird der Kreuzberg jährlich von etwa 500.000 Gästen besucht, die auch wegen des süffigen Bieres aus der Klosterbrauerei den Weg hierhin finden. Das Kreuzbergbier wird seit 1731 gebraut. Autofahrer seien gewarnt: Die Polizei macht immer wieder an der Bergstraße Alkoholkontrollen!

Kloster Kreuzberg
Kreuzberg 2, 97653 Bischofsheim/Rhön
Tel. 09772/912 40
Öffnungszeiten der Klostergaststätte: tägl. 8–20 Uhr
www.kreuzberg-rhoen.org
www.kreuzbergbier.de

Siegen-Wittgenstein

Wälder und Wisente, Rubens und drei Quellen

Tief im Südosten von Nordrhein-Westfalen liegt Siegen-Wittgenstein. Unübersichtlich auf den ersten Blick, wenn man die Autobahn Sauerlandlinie verlassen hat. Tiefe Täler und weite Wälder prägen die Landschaft. Ein Wander- und Entdeckerland: mit drei Quellen an der Eisenstraße, großformatigen Kunstwerken am Waldskulpturenweg und Wisenten in ihrer Welt.

Anfahrt

Mit dem Auto über die A 4 Köln – Olpe, A 45 (Sauerlandlinie) Richtung Frankfurt, Abfahrt Freudenberg/Siegen

Mit der Bahn gibt es regelmäßige Verbindungen bis Siegen Hbf., von dort mit der Rothaar-Bahn (RB 93), der Lahntalbahn (RB 94) und mit Bussen in die Region.
www.bahn.de, www.busse-und-bahnen.nrw.de

FREITAGNACHMITTAG

Welcher Fotograf war wohl der Erste? Der Allererste, der diese Ansammlung von Fachwerkhäusern in Freudenberg entdeckte, die heute in vielen Wandkalendern auftaucht? In den 1970er-Jahren soll die Szenerie erstmals immer wieder fotografiert worden sein, vom Standpunkt „Fotoblick" aus im damals neu geschaffenen Kurpark des Luftkurortes Freudenberg, erinnert sich Annegret Meurer von der Tourist-Information.
Zunächst wirkt der steile Anstieg (18 Prozent Steigung) auf unseren Kreislauf. Ein wenig aus der Puste sind wir, als der Fotoblick mit der tollen Aussicht über den „Alten Flecken" von Freudenberg erreicht wird. Dennoch ist es ein lohnenswerter Auftakt zu unserem Wochenende in Siegen-Wittgenstein. Im Volksmund der Freudenberger heißt die Anhöhe treffend – Asthmahügel …

1 Fachwerk: der „Alte Flecken"
2 Fotoblick: 18 Prozent Steigung

Allein sind wir nicht auf der Höhe: Neben uns zücken Japaner ihre Kameras und Fotohandys. Auf dem Weg zwischen Kölner Dom und Frankfurter Flughafen legen manche Reisegruppen in Freudenberg einen Fotostopp ein.
Um die 400 Bewohner leben in dem Fachwerkensemble „Alter Flecken". Dicht an dicht stehen die gepflegten Häuser; im 17. Jahrhundert wurden die allermeisten nach einem verheerenden Brand errichtet und haben sämtliche Stürme der Zeit bis heute überdauert. Gerade mal etwa 110 Meter lang ist die Seitenlänge der fast quadratisch angeordneten Besiedlung zwischen Kölner- und Oranienstraße, durch die wir mit Annegret Meurer und

Links Schöne Aussicht vom „Fotoblick"

Stadtguide Jost Winkelbach schlendern, bevor wir uns zum Technikmuseum aufmachen.
Das Museum ist in einer Fachwerkhalle untergebracht, die ursprünglich in Steg bei Morsbach stand und von den rührigen Mitgliedern des Vereins Freunde historischer Technik e. V. nach Freudenberg geschafft und dort ab 2002 aufgebaut wurde. Besonders faszinierend sind die Dampfmaschine aus dem Jahr 1904 und eine mechanische Werkstatt von 1900 mit Drehbänken, Bohrmaschinen, Fräsen, Hobeln und Stanzen.

1 Brunnen am Alten Flecken **2** Dampfmaschine von 1904
3 Mechanische Werkstatt im Technikmuseum

1

2

3

Infos

Technikmuseum
Olper Straße 5, 57258 Freudenberg
Tel. 02734/32 48
www.technikmuseum-freudenberg.de
Öffnungszeiten: Di–Fr 13–16 Uhr, So 10–17 Uhr
Eintritt: Erwachsene/Jugendliche ab 17 Jahre 4,50 €, Kinder 2,50 €, Familien 9 €

FREITAGABEND

Genug des Fachwerks und auch der Technik. In Freudenberg bleiben wir über Nacht und quartieren uns am Rand des Alten Fleckens ein im ansprechenden Hotel zur Altstadt. Da der Abend frühlingshaft lau ist, genießen wir auf der Hotelterrasse heimisches Pils und das abendliche Menü. Wer sich lieber selbst versorgen möchte, dem sei das Ferienblockhaus Hof Kolb für die Übernachtung empfohlen.

1 Dämmerung: die Marktstraße
2 Zentral: Hotel zur Altstadt

Übernachtungstipps

Hotel zur Altstadt
Oranierstraße 41, 57258 Freudenberg
Tel. 02734/49 60
www.altstadthotel-freudenberg.de

Ferienblockhaus Hof Kolb
Kreuztaler Straße 130, 57258 Freudenberg-Bühl
Tel. 02734/403 19
www.urlaub-im-siegerland.de

SAMSTAGVORMITTAG

Nur 30 Minuten benötigen wir für die Fahrt von Freudenberg über die gut ausgebaute Straße bis Siegen. Vorsicht, nicht zu schnell den Berg hinab: Ein Foto der Radarkamera könnte zum Andenken an das Wochenende werden! Siegen schickt uns erst mal ins Dunkel von Tunneln, dann durchs Straßengewirr bergan zum Oberen Schloss und zum Parkplatz am Ende der Burgstraße, wo wir gerade den allerletzten Stellplatz erwischen. Ingrid Heinz ist eine der Siegener Stadtführerinnen und weiß jede Menge Details zu alter und neuer Geschichte der Stadt. Beim Rundgang durch das Siegerlandmuseum im Schloss geht's nicht allein in den prunkvollen Peter-Paul-Rubens-Saal, sondern auch unter die Erde in ein kleines Schaubergwerk. 5.000 Erzgruben soll es früher im Siegerland gegeben haben; bis in die 1960er-Jahre wurde Erz gefördert.

1 Handarbeit: Altstadt-Schmied

2 Landarbeit: Brunnen, Alte Poststraße

3 Siegener Fachwerk-Idylle
4 Hier wurde Rubens geboren.

Heute spielen Eisenverarbeitung, Maschinenbau und die Automobilzulieferer die Hauptrolle in den – teils engen – Tälern des Siegerlandes. Frau Heinz rechnet vor: „Wir haben hier bei uns weit über 100 Unternehmen, die auf ihrem Gebiet Weltmarktführer sind." Siegen hat sich gewandelt. Heinz: „Heutzutage trägt die 1972 gegründete Universität mit ihren fast 20.000 Studenten zum Flair der 102.000-Einwohner-Stadt bei." Eine Stadt, deren Zentrum gegen Ende des Zweiten Weltkrieges heftig bombardiert und in den 1950er-Jahren schnell wieder aufgebaut wurde. Im Stil der damaligen Zeit, zweckmäßig und aus heutiger Sicht nicht immer gut gelungen.

Weitgehend erhalten blieb das alte Handwerkerviertel an der Unteren und Oberen Metzgergasse, das wir anschließend zusammen mit Ingrid Heinz besuchen: Schwarz-weißes Fachwerk säumt die engen Gassen, viele Häuser stehen unter Denkmalschutz, Studenten hausen im Quartier – junges Leben in alten Mauern.

Kurz vor Mittag reicht die Zeit noch aus für einen schnellen Besuch im Museum für Gegenwartskunst, das im ehemaligen Telegrafenamt mit beeindruckender Gemäldeschau aufwartet – über 200 Werke europäischer Malerei der Sammlung Lambrecht-Schadeberg. Die Kollektion vereint Hauptwerke der Rubens-Preisträger der Stadt Siegen. Zu sehen sind Malereien etwa von Hans Hartung, Sigmar Polke, Francis Bacon und Lucian Freud.

Bequem, dass wir den Mittagslunch gleich neben der Bildergalerie einnehmen können. Ansprechend ist die Karte der eleganten Brasserie von Mauro Fazio, der aus Kalabrien stammt und über Frankfurt und Kreuztal nach Siegen kam.

Oberes Schloss, Siegerlandmuseum

Im Schlosspark: der wuchtige Hexenturm (oben), Rubens-Brunnen (unten)

Infos

Siegerlandmuseum im Oberen Schloss
Oberes Schloss 2/Burgstraße, 57072 Siegen
Tel. 0271/23 04 10, www.siegerlandmuseum.de
Öffnungszeiten: Di–So 10–17 Uhr
Eintritt: Erwachsene 3,50 €,
Kinder/Jugendliche 1,50 €, Familien 6 €

Museum für Gegenwartskunst
Unteres Schloss 1, 57072 Siegen
Tel. 0271/405 77 10, www.mgk-siegen.de
Öffnungszeiten: Fr–Di 11–18 Uhr, Do 11–20 Uhr
Eintritt: Erwachsene 5,90 €, erm. 4,60 €, Familien 11 €

Ristorante Brasserie
Unteres Schloss 1, 57072 Siegen
Tel. 0271/231 63 20, www.brasserie-siegen.de
Öffnungszeiten: Di–So 12–15 Uhr und 18–24 Uhr

SAMSTAGNACHMITTAG

Auf geht's aus der Großstadt in den Wald, von Siegen auf der B 62 über Netphen kurvenreich bis Lützel. Immer grüner wird das Land, links und rechts der viel befahrenen Durchgangsroute. Schließlich ist der Kreis Siegen-Wittgenstein der waldreichste Landkreis Deutschlands: Mehr als 70 Prozent seiner Fläche besteht aus Wald.

Scheinbar endlos sind die Wälder an der Eisenstraße, auf die wir in Lützel rechts abgebogen sind. Ein paar Häuser noch rechts der schmalen Fahrbahn. Und dann tauchen wir ein in die Laub- und Nadelwälder entlang der historischen Handelsroute. Bereits Kelten und Germanen nutzten den Weg, wie 2.500 Jahre alte Wallanlagen in der Gegend bezeugen. Und im Hochmittelalter war die Strecke ein Teil der Verbindung Leipzig – Köln.

Schnurgeradeaus verläuft die schmale Straße in die Einsamkeit und bringt uns im Abstand von nur wenigen Kilometern zu den Quellen von Eder, Sieg und Lahn. Mitten auf der Rhein-Weser-Wasserscheide sind wir hier, über 650 Meter hoch: Aus moorigem Waldgrund findet die Eder ihren Weg nach Nordosten, dagegen die Sieg nach Westen und die Lahn nach Osten.

Zwischenstopp am Parkplatz Siegquelle: Von dort leitet der Siegquellenrundweg auf Holzbohlen über 300 Meter zu beiden Seiten der Eisenstraße ins feuchte Waldesgrün. Unterwegs lernen wir auf Infotafeln, dass die Siegquelle nicht nur eine Wasserstelle hat, sondern aus vielen Wasseradern am Rothaarkamm als Flächenquelle zutage tritt. Da kommt uns die hölzerne Rinne, aus der munter das Wasser plätschert, eher wie ein kleiner Schwindel vor … wo es doch hier so viele Quellen der Sieg gibt!

Kleine Pause verdient? Nur ein paar Kilometer weiter lockt das Forsthaus an der Lahnquelle zur Kaffeerast, bevor wir unsere Tour bis Bad Berleburg fortsetzen. Über Lützel und die B 62 entlang der jungen Eder biegen wir im hoch gelegenen Leimstruth ab auf die B 480 nach Berleburg, wo wir die Nacht zum Sonntag verbringen werden.

1 Aus der Rinne: Quelle der Sieg
2 Alter Handelsweg: die Eisenstraße
3 Aus dem Teich: die Lahnquelle

Infos

Forsthaus Lahnquelle
Lahnhof 1, 57250 Netphen-Lahnhof
Tel. 02737/595 80, www.forsthaus-lahnquelle.de
Öffnungszeiten: Mi–Mo ab 11.30 Uhr,
Küche 11.30–20.30 Uhr

SAMSTAGABEND

Hübsch ist es in der Oberstadt, am Goetheplatz gegenüber von Schloss Berleburg finden wir unser Hotel „Alte Schule". Großzügig sind die Zimmer im „Alten Museum" nebenan, preiswerter sind sie im „Fliegendes Klassenzimmer" gegenüber. Drei Herbergen in einer Hand, früher mal Jugendherberge, tatsächlich ehemals auch Schule und Stadtmuseum. Nach dem Abendessen im Hotel noch schnell ein paar Schritte hinüber zum Schlosshof, morgen früh werden wir den beeindruckenden dreiflügeligen Barockbau während einer Führung erleben.

Wenn Sie sich etwas gönnen möchten, empfehlen wir das noble Fünf-Sterne-Hotel Jagdhof Glashütte, das von der Siegquelle aus in ein paar Minuten über das Dörfchen Volkholz erreichbar ist. In dem angeschlossenen Restaurant kann man sich verwöhnen lassen.

SCHÄFERWAGEN

Übernachten unterm Sternenzelt am Waldrand: Vier Schäferwagen sind am Ende einer Wanderung ebenso originelle wie ungewöhnliche Nachtquartiere. Etwa ein Dutzend Plätze in der freien Natur rund um Bad Berleburg stehen für die Schäferwagen bereit, in dem jeweils zwei Gäste nächtigen können. Die Wagen sind komfortabel ausgestattet: Küche, Heizung, Solarstrom, Dusche, WC und Kochzeile.

www.eventwandern-heidi-dickel.de

Romantisch: Schäferwagen

Übernachtungstipps

Hotel-Restaurant Alte Schule

Goetheplatz 1, 57319 Bad Berleburg

Tel. 02751/920 47-80, www.hotel-alteschule.de

Jagdhof Glashütte

Glashütter Straße 20, 57334 Bad Laasphe

Tel. 02754/39 90, www.jagdhof-glashuette.de

SONNTAGVORMITTAG

Ein Schloss als Museum, aber vor allem als Wohnung: Seit über 750 Jahren lebt dort ununterbrochen die Fürstliche Familie zu Sayn-Wittgenstein-Berleburg. Das ist hierzulande ziemlich einmalig, erfahren wir während des Rundgangs durch die schmuckvollen Kabinette und Festsäle von Schlossguide Barbara Lenz. 1733 entstand der barocke Mittelteil, heute ist das Schloss nicht nur Wohnstätte, sondern es gibt dort ein hübsches Café und die Büros der Fürstlichen Rentkammer, die im Wittgensteiner Land 13.000 Hektar Wald verwaltet als wirtschaftliche Grundlage des Adelshauses. Das Schloss, es wird zum Konzertsaal, zur stimmungsvollen Stätte für den Weihnachtsmarkt und bei familiären Anlässen stets Treffpunkt des europäischen Hochadels und gekrönter Häupter: Die Fürstenfamilie pflegt ihre engen verwandtschaftlichen Bindungen etwa zum dänischen Königshaus.

Herrschaftlich: Schloss Berleburg

„Was glauben Sie, hat es mit dieser Couch auf sich?", fragt Barbara Lenz uns Schlosstouristen. Und gibt gleich darauf die Antwort: „Hier gaben sich Beatrix, die Königin der Niederlande, und der Deutsche Adelige Claus von Amsberg ihren ersten Kuss!" Große Geschichte wurde und wird hier geschrieben, im kleinen Bad Berleburg mit seinen 21.000 Einwohnern, auf riesiger Fläche verteilt über 23 Ortschaften im äußersten Südosten von NRW.

Kunstwerk:
das Goldene Ei

WALDSKULPTURENWEG: DIE TOUR ZUR KULTUR

Am Waldrand, hoch über Bad Berleburg, glänzt in der Sonne ein goldenes Ei. Das großformatige Objekt ist ein Kunstwerk, geschaffen von Magdalena Jetelovà mit dem Titel „Was war zuerst?“. Das Gold-Ei gehört zu den elf Kunstobjekten am Waldskulpturenweg zwischen Bad Berleburg und Schmallenberg. Wer auf der 23,4 Kilometer langen Route (6 Stunden) wandert, der merkt schnell: Der Kunstweg stellt mehr dar als die Aneinanderreihung von Werken renommierter Objektkünstler. Nichts ist hier zufällig. Das wird besonders deutlich durch Ansgar Nierhoffs Stahlplastik „Kein leichtes Spiel“. Massive, geöffnete Stahltore mit einem Gewicht von 64 Tonnen, installiert genau auf der Grenzlinie zwischen Wittgensteiner Land und Hochsauerland.

Es sind zwei Nachbarregionen, wie sie unterschiedlicher wohl kaum sein können: Auf der einen Seite Schmallenberg im kurkölnischen Hochsauerland, katholisch geprägt und westfälisch. Auf der anderen Seite Bad Berleburg, ab dem 14. Jahrhundert durch Grafen und Fürsten des Hauses Sayn-Wittgenstein-Berleburg beherrscht und seit der Reformation Evangelisch-Calvinistisch ausgerichtet. Familiäre Verbindungen etwa durch Heirat galten daher über viele Generationen als gesellschaftlich unpassend. Und bis heute besteht dort keine direkte Straßenroute oder Buslinie. „Kein leichtes Spiel“ also, für die Menschen zusammenzukommen.

Der Waldskulpturenweg schafft dagegen die Direktverbindung zwischen Schmallenberg und Bad Berleburg. Damit baut die in Europa einzigartige Kunstroute auf ihre besondere Weise Brücken zwischen Kulturen, Religionen und Regionen. Von Bad Berleburg, 420 Meter hoch gelegen, geht es hinauf bis Schanze auf 720 Metern, danach talwärts nach Schmallenberg auf 380 Metern Höhe.

www.waldskulpturenweg.de

1 Wohin soll's nun gehen?
2 Einzigartige Wisentwelt

TIPP: Das Wander-Taxi verkehrt von April bis Oktober samstags zum Waldskulpturenweg und zwar von Bad Berleburg nach Schmallenberg (und umgekehrt). Motto: hin per Taxi, zurück zu Fuß auf dem Waldskulpturenweg. Wanderer können sich jeweils freitags bis 17 Uhr unter Tel. 02751/93 63-3 für die Mitfahrt anmelden. Das Taxi startet samstags um 10.30 Uhr am Schlosstor in Bad Berleburg, Kosten p. P. 15 €.
Außerdem gibt es von April bis Oktober samstags, sonntags und an Feiertagen den Shuttleservice von Bad Berleburg, Poststraße 44, bis Kühhude. Von dort wandert man über den Waldskulpturenweg zurück bis Bad Berleburg oder über den Rothaarsteig bis Winterberg (Busverbindungen zurück nach Bad Berleburg). Anmeldungen am Vortag bis 16 Uhr bei Peters Taxiservice, Tel. 02755/767, Kosten p. P. 4 €.

Kultur und Natur – in Bad Berleburg erleben wir eine einzigartige Verbindung mit dem Waldskulpturenweg, für den uns dieses Mal leider keine Zeit bleibt. Wir versprechen wiederzukommen, und den außergewöhnlichen Weg wandernd kennenzulernen.

Vom Schloss aus haben wir uns über Raumland, Berghausen und Wingeshausen zur Wisent-Wildnis orientiert. In der urigen Wisent-Hütte stärken wir uns zur Mittagszeit.

Fachwerk: Parkstraße in Bad Berleburg

Infos

Schloss Berleburg

Goetheplatz 8, 57319 Bad Berleburg

Tel. 02751/93 60 10

www.wittgenstein-berleburg.net

www.blb-kultur.de

Schlossbesichtigungen nur im Rahmen von Führungen, Dauer etwa 90 Min., meistens um 10.30 Uhr und 14.30 Uhr, je nach Monat an wechselnden Tagen

Eintritt: Erwachsene 5 €, Kinder 1,50 €

Tipp: Auf der Internetseite gibt es Informationen zu Konzerten im Schloss und zum Weihnachtsmarkt im Schlosshof, der „Bad Berleburger Weihnachtszeitreise".

Wisent-Hütte

Weidiger Weg 100, 57319 Bad Berleburg

Tel. 02759/946 98 60, www.wisenthuette.de

Öffnungszeiten: Sommer Di–Sa 11–20 Uhr, So, Feiertage 10–20 Uhr, Winter Di–Sa 11–18 Uhr, So, Feiertage 10–18 Uhr

SONNTAGNACHMITTAG

Weite Wälder hatten wir durchquert, die Rede war von industriellen Weltmarktführern, wir haben europäischen Hochadel auf Schloss Berleburg gestreift, drei Quellen besucht, Werke von Peter Paul Rubens bewundert – Superlative in Serie in dem für Rheinländer doch zu Unrecht so wenig bekannten Landkreis Siegen-Wittgenstein.

Und zum Abschluss setzen wir noch einen Superlativ drauf: Auge in Auge sind wir mit den größten Landsäugetieren Europas in der Wisent-Wildnis, denn auf dem drei Kilometer langen Rundwanderweg kommen wir den Tieren ziemlich nahe. Die tonnenschweren Kolosse leben auf 20 Hektar Fläche im naturbelassenen Wildgatter – für uns ein besonderes Erlebnis. Die Wisent-Wildnis gilt als „Guckloch" in das Wisent-Artenschutzprojekt in Siegen-Wittgenstein: Eine zweite Wisentherde streift seit April 2013 frei lebend durch die mehrere Tausend Hektar großen Wittgensteiner Wälder – einzigartig in Westeuropa.

Infos

Wisent-Wildnis
Weidiger Weg 100 (Kreisstraße 42)
57319 Bad Berleburg-Wingeshausen
Tel. 02751/920 55-35, www.wisent-welt.de
Öffnungszeiten: Di–So, Feiertage 10–18 Uhr
Preise: siehe Website

1 Markierung des Wisentpfades
2 Tonnenschwer sind die Wisente.

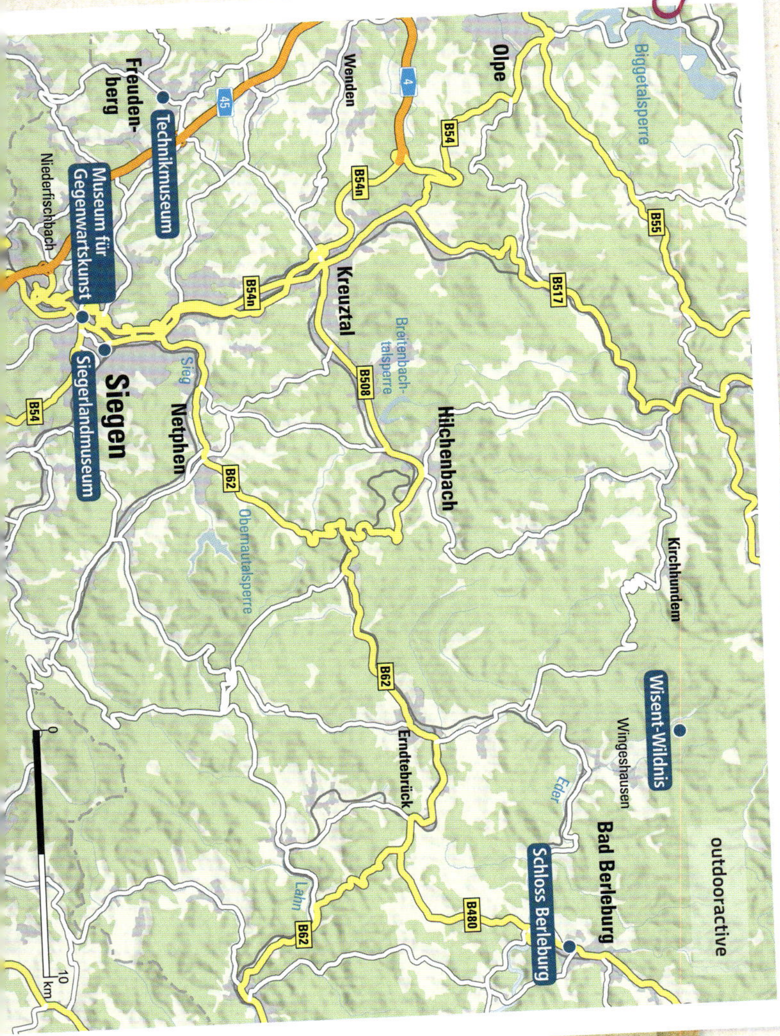

Touristikverband Siegerland-Wittgenstein

Koblenzer Straße 73, 57072 Siegen
Tel. 0271/333-10 20
www.siegerland-wittgenstein-tourismus.de

Weitere touristische Angebote in Siegen-Wittgenstein

Kyrillpfad

An den verheerenden Sturm Kyrill im Januar 2007 erinnert der Kyrillpfad im Wald an der Eisenstraße zwischen Lützel und Hainchen. Damals fielen allein im Bereich des Forstamtes Siegen-Wittgenstein 2,8 Millionen Bäume dem Orkan zum Opfer.
Anfahrt: B 62 Hilchenbach – Erndtebrück, in Lützel abbiegen Richtung Hainchen (Eisenstraße), nach etwa fünf Kilometern durch den Wald Parkplätze; dort informieren Wegetafeln über den Zugang zum Kyrillpfad und zum Quellenbereich der Eder in der Nähe.

www.waldland-hohenroth.de

Wisentpfad

Um das Wisentgehege herum verläuft der 12,9 Kilometer lange Wisentpfad zwischen Bad Berleburg-Wingeshausen und Schmallenberg-Jagdhaus. Uralte Buchen- und Fichtenwälder und herrliche Fernsichten kennzeichnen den Rundweg mit einem Höhenprofil von 250 Metern.

Start: Ortsmitte Wingeshausen am Landgasthof Weber

Wittgensteiner Schieferpfad

An die Bedeutung des Schieferbergbaus im 18. Jahrhundert erinnert der 15 Kilometer lange Schieferpfad bei Bad Berleburg-Raumland. Schiefer aus Raumland wurde beispielsweise am Kölner Dom verbaut. Der Rundweg wurde 2002 eröffnet. Das Besondere: Der Pfad entstand aus einem Schulprojekt der Ludwig-zu-Sayn-Wittgenstein-Hauptschule. Trittsicher und fit sollte man für den Pfad sein, der als schmaler Trail an den Hängen des Edertales verläuft.

Start: Parkplatz Reisegarten Raumland an der Eder (Landstraße Raumland – Dotzlar)

Förderturm Grube Grimberg

Von 1807 bis 1911 war die Erzgrube in Betrieb. 1995 wurde die Grube „Grimberg" zu neuem Leben erweckt, mit einem 16 Meter hohen Förderturm als Wahrzeichen. Für das Siegerland stellt er ein einzigartiges technisches Denkmal dar, das an die rund 2.000 Jahre alte Wirtschaftsgeschichte der Region erinnert.

Grimbergstraße
57234 Wilnsdorf-Niederdielfen
Tel. 02739/802-211 (Museum Wilnsdorf)
www.wilnsdorf.de
Öffnungszeiten: Mai–Oktober jeden 2. So im Monat 14–17 Uhr, Führungen jederzeit nach telefonischer Vereinbarung
Eintritt: 1 €

Genuss am Fluss

Jahrzehntelang war die Sieg, Namensgeber der Stadt Siegen, unter einem Parkdeck versteckt. Das ist Vergangenheit, denn seit Juni 2016 fließt die „befreite" Sieg vorbei an einer 180 Meter langen Stufenanlage. Das Motto: Siegen – zu neuen Ufern. Ein Gewinn für die Stadt, der Genuss am Fluss. Cafés und Bistros an der Freitreppe laden zum Verweilen und Schlendern ein.

www.siegen-pulsiert.de

Krombacher Brauerei-Erlebniswelt

Deutschlands größte Brauerei erleben – Geschichte, Qualität, Produktion, Lagerung und Logistik. Neben den Führungen gibt es auch die Krombacher Genusstour mit Verkostung und anschließendem Vier-Gänge-Biermenü.

Hagener Straße 261
57223 Kreuztal-Krombach
Tel. 02732/88 08 80
www.krombacher.de
Führungen: Di–Do 11.30 Uhr und 16.30 Uhr (Dauer: 3,5 Stunden), Fr, Sa 11 Uhr, 14.30 Uhr und 18.30 Uhr (Dauer: 3 Stunden)
Eintritt: 13 €, Fr, Sa 15 €, Mindestalter 16 Jahre oder in Begleitung der Eltern, Anmeldung erforderlich
Kosten Krombacher Genusstour: p. P. 69 €

1 Fernsehbild: die Krombacher Insel
2 Durstlöscher: Biere aus Krombach
3 Auenland: die Eder bei Bad Berleburg

Der Westerwald

Hinterm Weltende geht's noch weiter

„O, du schöner Westerwald …" Wer kennt nicht das Volkslied von den kalten Winden, die über die Höhen bei Bad Marienberg pfeifen. Der Westerwald ist Wandergebiet – mit dem Westerwaldsteig, den wir an unserem Wochenende begehen. Im Nistertal kommen wir sogar bis ans Ende der Welt, auf dem Weltende-Pfad mit alpinem Charakter. Keine Angst, eine Umleitung bietet sich als Variante an.

Anfahrt

Mit dem Auto über die A 3 bis Abfahrt Dierdorf, B 413/B 414 bis Hachenburg und Bad Marienberg

Mit der Bahn gibt es regelmäßige ICE-Anbindungen bis Montabaur und von dort Busverbindungen bis Hachenburg.
www.bahn.de, www.vrminfo.de, www.busse-und-bahnen.nrw.de, www.dreilaenderbahn.de

FREITAGNACHMITTAG

Gutes liegt oft so nahe – und ist manchmal nicht über den kürzesten Weg erreichbar. Also, um nicht länger in Rätseln zu bleiben: Wir sind für die Anfahrt nach Marienstatt bei Hachenburg, unserem ersten Wochenendziel, auf der A 3 (Köln – Frankfurt) bis Dierdorf gefahren. Das hat zwar unserem Navi nicht gefallen, war aber der gute Tipp eines Westerwälders, da es von Dierdorf aus mit der B 413 eine gut ausgebaute Straßenverbindung nach Hachenburg gibt.

Die erste Station unseres erlebnisreichen Wochenendes im Westerwald ist die Zisterzienserabtei Marienstatt bei Streithausen: Steil führt die schmale Landstraße von der B 414 (Hachenburg – Altenkirchen) hinab ins Tal und zum Parkplatz neben der alten Nisterbrücke. Im 15. Jahrhundert wurde die Querung aus klobigen Bruchsteinen errichtet, bis in die 1970er-Jahre musste das historische Bauwerk allen Verkehr buckeln. Heute ist die Brücke Fußgängern und Radlern vorbehalten, ihre grauen Steine werden von knallroten Bändern gegen den Zerfall zusammengehalten.

Klobig: mittelalterliche Nisterbrücke

Hübsch und gepflegt ist der Klostergarten vor der frühgotischen Basilika des Klosters, das bereits im Jahr 1212 an der Nister gegründet wurde und als geistiges Zentrum des Westerwaldes gilt.

Links Gotisch: Abteikirche Marienstatt

Genussvoll: Klosterbier aus dem Brauhaus der Zisterzienserabtei

Noch heute kommen Pilger während der Wallfahrtszeit zwischen Mai und Oktober nach Marienstatt, manchmal zu Fuß, aber längst auch in Gruppen mit Motorrädern. Die Basilika ist die älteste gotische Kirche rechts des Rheins, erfahren wir. Zwei Jahrhunderte wurde hier gebaut, zu Gottesdiensten und bei Konzerten erklingt die größte Orgel des Westerwaldes in der Abteikirche. Zum Kloster mit den zwölf Patres zählen heute das Gymnasium mit über 700 Schülerinnen und Schülern, ein Gästehaus – wer mag, kann auch dort übernachten – und das Brauhaus, wo dunkles und naturtrübes Klosterbier gezapft wird.

„Mit allen Sinnen genießen" lautet hier das Motto. Wir verkneifen uns erst mal diese Genüsse, wandern entlang der rauschenden Nister auf dem Marienwanderweg in Richtung Limbach bis zur historischen Dachschiefergrube Assberg – ein leichter Weg, gerade mal fünf Kilometer lang und damit passend für den Start ins Westerwaldwochenende.

Helle Aufregung herrschte dort im November 1997: Der Einstiegsschacht zum lange vergessenen Dachschieferbergwerk Assberg wurde entdeckt. Ein Zufall! 16 Jahre lang hatte man nach der Grube geforscht, die 1548 erstmals erwähnt wurde und einst der größte Betrieb unter den 21 in der Gegend bestehenden Schiefergruben war. Auch die Dächer des Klosters Marienstatt sind mit dem Assberg-Schiefer gedeckt.

Wir zweigen von der Marienroute nur ein paar Schritte ab bis zum Schieferschacht, der im Sommer 2000 für Besucher geöffnet wurde. Drei steile Treppen führen Untertage, wo sich in 20 Metern Tiefe ein überdimensionaler kapellenartiger Hohlraum öffnet. Funzeliges Licht streift über die Felswände, Wasser tropft herab, kühl ist es hier unten, gleichbleibend mit nur sieben Grad.

Wir wandern zurück nach Marienstatt, schaffen es zeitlich noch bis zum Vespergebet um 17.30 Uhr in der Klosterbasilika.

Der Biergarten lädt zum Verweilen – ein Klosterbier zum Abschied für uns, dann fahren wir hinauf nach Hachenburg. Im historischen Hotel Zur Krone am hübschen Marktplatz haben wir das Zimmer und den Platz fürs Abendessen im Restaurant reserviert.

1 Steile Stiegen: Grube Assberg
2 Pilgerroute Marienwanderweg
3 Waldesgrün entlang der Nister

Infos

Zisterzienserabtei Marienstatt
57629 Marienstatt-Streithausen
Tel. 02662/953 50
www.abtei-marienstatt.de
Öffnungszeiten des Brauhauses:
Mai–September Di–Sa ab 11 Uhr,
Oktober–April Mi–Sa ab 11 Uhr,
ganzjährig So, Feiertage ab 10.30 Uhr

Dachschiefergrube Assberg
Hardtweg 3, 57629 Limbach
Öffnungszeiten: frei zugänglich

FREITAGABEND

Historisch ist die Krone auf jeden Fall. Fürsten, Herzöge und vermutlich auch gekrönte Häupter betteten sich hier schon zur Nachtruhe: Aus dem Mittelalter stammt das blütenweiße Gebäude mit der Renaissancefassade. Das „Steinerne Haus" gilt als eines der ältesten steinernen Gasthäuser hierzulande und schmückt sich auf dem Dachfirst mit einem Negerkopf. Ein Talisman aus früheren Zeiten? Niemand weiß das heutzutage genau zu sagen.

Übernachtungstipps

Hotel Zur Krone
Alter Markt 3, 57627 Hachenburg
Tel. 02662/947 99 54
www.krone-hachenburg.de

Zisterzienserabtei Marienstatt
siehe Seite 114

1 Die evangelische Schlosskirche
2 Das historische Hotel Zur Krone

SAMSTAGVORMITTAG

Früh packen wir unsere Rücksäcke mit der Mittagsverpflegung, fahren durch die Kroppacher Schweiz ins Klosterdorf Marienthal: wandern bis in den Nachmittag hinein auf dem Westerwaldsteig an das Weltende.

KROPPACHER SCHWEIZ UND ÜBER 100 WEITERE SCHWEIZEN

Über 100 Regionen in Deutschland schmücken sich mit dem Beinamen Schweiz. Die Kroppacher Schweiz im Westerwald zwischen Altenkirchen, Hachenburg und Hamm/Sieg ist etwa 52 Quadratkilometer groß. Zu den bekanntesten Landschaften zählen die Holsteinische, Sächsische und Fränkische Schweiz. Eher exotisch muten Namen an wie die Kollesleuker Schweiz, Ischenröder Schweiz oder Stormarnsche Schweiz.

Der Beiname soll an die Charakteristik der Schweiz erinnern – an Felsengebirge oder auch besonders idyllische Landschaften. Maler aus der Schweiz sollen bereits im 18. Jahrhundert den Namen Sächsische Schweiz „erfunden" haben, als sie die Landschaft bei Dresden bereisten, um dort Motive für ihre Landschaftsgemälde zu finden.

Deutschland gilt als das Land mit der höchsten Schweiz-Dichte. Weltweit soll es 191 Schweiz-Regionen geben.

www.schweizen-in-deutschland.de

1 Alpin, felsig: Weltendepfad
2 16 Tagesetappen: Westerwaldsteig

Wir haben uns in Marienthal mit Barbara Sterr verabredet. Die hauptberufliche Wegemanagerin betreut zahlreiche Wanderstrecken im Westerwald und führt uns auf dem gut gekennzeichneten Westerwaldsteig – auf Abschnitten identisch mit dem Marienwanderweg – vorbei an stillen Dörfern und Weilern bergauf und bergab. Unsere heutige Rundtour ab Marienthal ist zwölf Kilometer lang, verläuft mal als breiter Weg im Forst und mal als handtuchschmaler Pfad in der Kroppacher Schweiz. Sie führt durch lichten Mischwald, düstere Fichtenstücke, vorüber an sattgrünen Kuhweiden, Pferdekoppeln und Gehegen mit Damwild.
Hoch am Sonnenberg machen wir Mittagsrast und genießen den wunderschönen Ausblick ins Nistertal und hinüber nach Mörsbach mit den zahlreichen Windrädern und zur Steinberger Höhe.
Vom Sonnenberg fällt der kaum erkennbare Weg im lichten Wald steil hinab ins Nistertal – vor uns beginnt der Weltende-Pfad. Plötzlich tauchen klobige Stufen auf, handtuchschmale Durchstiege führen durch die Felsen. „Die Wanderung auf diesem Pfad ist kein Sonntagsspazierweg. Hohe Wanderstiefel, Trittsicherheit und Schwindelfreiheit sind erforderlich", sagt uns Barbara Sterr.

1

2

3

ZUM „ENDE DER WELT"

Nur 6,5 Kilometer misst diese Wanderroute entlang der Nister. Doch die Rundstrecke hat es in sich, schließlich führt sie zum „Ende der Welt", wie die Einheimischen dazu sagen. Startplatz der ebenso anspruchsvollen wie ungewöhnlichen Rundtour für trittsichere Wanderer ist in dem Dorf Stein-Wingert am Friedhof. Gegenüber des winzigen Weilers Alhausen – dort leben am Ende einer schmalen Zufahrtsstraße nur 20 Bewohner – hat der schmale Trail oberhalb der Nisterf sogar alpinen Charakter. An manchen Stellen geht es hier am Hang 50 Meter steil bergab, daher ist der Weg mit Seilen gesichert. Der Naturpfad „Weltende" zählt zum Westerwaldsteig, und zwar zur 21 Kilometer langen Tagesetappe Limbach-Marienthal. Für weniger geübte Wanderer gibt es eine Umleitung auf dem Marienwanderweg in Serpentinen hinab nach Alhausen.

www.westerwaldsteig.de

1 Einsam: der Weiler Alhausen
2 Überblick: Rast am Sonnenberg
3 Aufmerksam: Damwild am Weg

SAMSTAGNACHMITTAG

Wir haben das Ende der Welt erlebt! Und wandern nun durch die Wälder- und Wiesenlandschaft vorüber an den Dörfern Isert und Nassen zurück nach Marienthal, wo in den großen Klostergebäuden zuletzt bis 2007 noch polnische Mönche wirkten. Heute ist die Anlage verwaist und dämmert einer ungewissen Zukunft entgegen.
Später Nachmittag ist es bereits geworden, als wir im Hotel zur Krone in Hachenburg eintreffen – ein wenig geschafft von der Tour zum Weltende. Aber noch fit für einen kurzen Stadtrundgang durch das mittelalterliche Zentrum von Hachenburg. Schließlich will ein rustikales Abendessen auch verdient sein!

MARIENTHAL – EINST FRANZISKANERKLOSTER

1460 wurde im Tal bei Hilgenroth eine Kapelle errichtet. Aus jenen Jahren stammt auch das Bild der Schmerzhaften Mutter, das heute von Wallfahrern in der kleinen Seitenkapelle der Kirche verehrt wird. Ab 1704 bezogen Franziskanermönche das Kloster. Im Zuge der Säkularisierung wurde das Kloster 1813 geräumt und kam 1853 in den Besitz des Erzbistums Köln.

www.wallfahrtskirche-marienthal.de

Einst Kloster: Marienthal

„Perle des Westerwaldes", so nennt sich das Städtchen mit seinen 6.000 Einwohnern. Das schmückende Prädikat ist nicht zu hoch gegriffen, erkennen wir schnell beim Schlendern durch die Altstadt. Dort ist der Marktplatz mit dem Löwenbrunnen die gute Stube der Stadt. „Hachenburg downtown", so könnte man auch sagen. Die malerischen Gassen zweigen von hier ab, führen etwa vorbei an

1 Abgesperrt: Schloss Hachenburg
2 Treffpunkt: Marktplatz, Löwenbrunnen

TREFFPUNKT LÖWENBRUNNEN – HACHENBURGER STADTGESCHICHTEN

Mitten auf dem Marktplatz hält der goldene Löwe Wacht. Die Löwenfigur mit dem Doppelschwanz war 1888 ein Geschenk von Graf Alexander von Hachenburg an die Stadt. Am Löwenbrunnen beginnen auch die Stadtführungen. Neben diesem klassischen Rundgang gibt es weitere Stadtführungen – von der Schlemmertour, über die Nachtwächterführung bis zur Fototour.

www.hachenburg-vg.de
www.hachenburger-westerwald.de

der evangelischen Schlosskirche und gegenüber zum stattlichen Grafenschloss, das ab 1717 auf Geheiß von Georg Friedrich, Burggraf von Kirchberg, an der höchsten Stelle Hachenburgs errichtet wurde.
Hachenburg, so vermuten wir mal, war zu dieser Zeit schon ein bedeutender Kreuzungspunkt. Und bot ein sicheres Nachtquartier für die Reisenden, die mit Pferd und Wagen auf zwei wichtigen Handelsstraßen, Köln – Leipzig und Köln – Frankfurt, unterwegs waren.
Das schmiedeeiserne Schlosstor bleibt für uns geschlossen. Besucher haben keinen Zutritt in den Innenhof des barocken Bauwerks. Denn dort büffelt der Nachwuchs der Bundesanstalt für Finanzdienstleistungsaufsicht, kurz BaFin, und der Deutschen Bundesbank, die hier seit 1980 ihre eigene Hochschule hat. Lassen wir sie einfach weiterbüffeln!
Hübsches, gepflegtes Fachwerk begleitet uns beim Gang durch die Friedrichstraße, wo wir auch eines der ältesten Häuser der Stadt entdecken, 1610 wurde es errichtet. Und gleich nebenan ein kleines, feines Boutiquehotel, das wir uns als Nachtquartier für unseren nächsten Westerwaldtrip gern vormerken.

1 Durchblick: katholische Kirche
2 Fachwerk: Boutiquehotel No. 14

SAMSTAGABEND

Vom Alten Rathaus in der Perlengasse sind es nur ein paar Schritte zurück zum Marktplatz und zum Hotel. Wir lassen es uns nach Stadt-Schlendern und Weltende-Wandern deftig schmecken – Burger und Bier sind angesagt. Das passt hier, da das Hotel zur Hachenburger Westerwaldbrauerei gehört.

HACHENBURGER ERLEBNISBRAUEREI – WESTERWALD BRAUEREI

Gutes bewahren und für Neues aufgeschlossen sein, so lautet die Philosophie der Westerwald Brauerei in Hachenburg. Der Familienbetrieb mit 90 Beschäftigten kann auf eine über 150-jährige Tradition zurückblicken und erfindet sich dennoch immer wieder neu. Das Westerwald Bräu besinnt sich dabei auf die Ursprünge und widmet die aktuelle Spezialität dem Brauereigründer Heinrich Schneider. Das Etikett im Retrostil unterstreicht den regionalen Charakter des Bieres. Vollmundig und süffig mit stärkerer Stammwürze spiegelt es den Westerwälder Geschmack der Gründerzeit wider. Die Biere aus Hachenburg trinkt man im Westerwald, exportiert wird aber auch nach Australien und China.
Die Brauerei bietet verschiedene Erlebnisprogramme an: Braukurse finden samstags und nach Absprache auch an anderen Tagen in der Mikrobrauerei „Hachenburger Brau-Werkstatt" statt. Sie sind für Gruppen mit maximal zwölf Personen ausgelegt und dauern sechs bis sieben Stunden. Darüber hinaus gibt es Besichtigungstouren mit Dinner, Bier-Sommelier-Touren – sogar standesamtlich heiraten kann man in der Brauerei, einer Außenstelle des Standesamtes Hachenburg. Und für die Hochzeitsfeier zuvor etwa beim Junggesellenabschied das eigene Hochzeitsbier brauen – ein besonderes Erlebnis. Die Führung – nach Absprache auch für Kleingruppen – durch die Brauerei dauert eine gute Stunde.

www.hachenburger.de

SONNTAGVORMITTAG

„O, du schöner Westerwald, über deine Höhen pfeift der Wind so kalt ..." Wer kennt das Volkslied nicht? Auf der Fahrt nach Stahlhofen am Wiesensee kommt uns die Melodie in den Sinn. Über kurvige Landstraßen, über Höhen und durch Täler, über Alpenrod, Dreisbach, Ailertchen, Halbs und Hergenroth erreichen wir schließlich Stahlhofen und den Wiesensee. Bei der Tourist-Information am Winner Ufer haben wir Tage zuvor E-Bikes reserviert. Mit deren Hilfe wollen wir während unserer Tagestour nicht nur die Höhen des Westerwaldes bezwingen, sondern auch einigermaßen mühelos gegen den pfeifenden Wind anradeln. Für die Hin- und Rückfahrt haben wir die gleiche Strecke gewählt und werden den gesamten Sonntag unterwegs sein. Wie weit werden wir wohl kommen mit unserer elektrischen Unterstützung? „Auf jeden Fall über Rennerod hinaus bis nach Rehe und zur Krombachtalsperre", weiß Elisabeth Menches im Tourismusbüro. Allzu weit erscheint uns das nicht, genau das Richtige für den Sonntag zum Abschluss unseres Westerwaldwochenendes.

Wir lassen die Golfer auf dem 18-Loch-Platz schnell hinter uns. Gepflegtes Grün leitet über in die abwechslungsreiche Feld-, Wald- und Wiesenlandschaft. Bäche murmeln am Wegesrand, Buschwindröschen bilden weiße farbige Tupfer im Dunkelgrün der Ufer.

Die Räder laufen gut, die Strecke zur Krombachtalsperre ist perfekt ausgeschildert: Seck hat viele Neubauten, Rennerod an der viel befahrenen B 54 empfängt uns mit der typischen Discounter-Getränkemarkt-Einkaufszentrum-Mischung. So sind wir froh, den Ort schnell passiert zu haben. Bergan vorbei am Schulzentrum, entlang am Truppenübungsplatz auf der ehemaligen Bahntrasse bis Rehe nahe der Krombachtalsperre. Langsam, aber stetig ist der Anstieg hier.

Helle Tupfer: Buschwindröschen

SONNTAGNACHMITTAG

Auf 563,5 Meter Höhe sind wir an dieser Stelle bereits hochgeradelt – kein Problem mit den E-Bikes. Kurz vor dem Abzweig zur Krombachtalsperre entscheiden wir uns mutig, im Hohen Westerwald noch höher zu kommen, durch das Dörfchen Rehe bis zur Fuchskaute: 657 Meter hoch und damit die allerhöchste Erhebung des Mittelgebirges.
Viel besucht und trubelig an den Wochenenden ist die Fuchskaute mit dem Restaurant, hinter dem gleich Spazierwege und die beiden Fernwanderwege Westerwaldsteig und Rothaarsteig verlaufen. Aus dem 14. Jahrhundert soll der Name Fuchskaute stammen und Fuchsmulde bedeuten.
Das mag stimmen, denn im benachbarten urigen Naturschutzgebiet können sich getreu dem Sprichwort Fuchs und Hase Gute Nacht sagen. So urtümlich erscheint uns der Westerwald und kann hier mit vielen Tieren und seltenen Pflanzen aufwarten – Orchideen und Arnika sowie der Weißen Waldhyazinthe, die auf den mageren Bergwiesen im Juni und Juli blüht.
Die Begegnung mit der rauen Natur ist für uns ein schöner Abschluss des Wochenendes in der Kroppacher Schweiz und im Hohen Westerwald, wo der Wind so kalt pfeift.

1 Auf der Höhe – die Fuchskaute
2 Viele Ziele – die Wegezeichen

Infos

Fuchskaute Lodge
Fuchskaute 1, 56479 Willingen/Westerwald
Tel. 02667/96 19 30
www.fuchskaute-lodge.de
Öffnungszeiten: Mi–Mo 11–23 Uhr

Westerwald Touristik-Service
Kirchstraße 48a, 56410 Montabaur
Tel. 02602/30 01-0
www.westerwald.info

Weitere touristische Angebote im Westerwald

Westerwaldsteig

Der 235 Kilometer lange Westerwaldsteig gehört zu den „Top Trails of Germany", Deutschlands besten Wanderwegen. Die Route verläuft von Osten nach Westen quer durch den Westerwald. Sie beginnt im hessischen Herborn (an der Autobahn A 45), steigt an bis zur höchsten Erhebung des Westerwaldes, der Fuchskaute (657 Meter), und endet in Bad Hönningen am Rhein. Die 16 empfohlenen Tagesetappen haben Distanzen zwischen sechs und 21 Kilometern.
Herborn und Bad Hönningen sind bequem mit der Bahn zu erreichen.

www.westerwaldsteig.de
www.toptrails.de

Von Kloster zu Kloster

Seit dem 16. Jahrhundert wandern am Fest Christi Himmelfahrt – ein Donnerstag im Mai – fromme Pilger aus dem Westerwald von Marienstatt bei Hachenburg zum ehemaligen Franziskanerkloster Marienthal: Gemeinsam betend, singend, meditierend und schweigend legen sie die Strecke von Kloster zu Kloster zurück. Familien, alte und junge Leute, mehr als 150 wohl, machen sich in der Frühe auf den Weg. Start ist morgens um 6 Uhr, die Ankunft gegen 18 Uhr. Manch einer wandert die Strecke auch noch zurück – insgesamt fast 40 Kilometer Fußmarsch an einem Tag.
An diese Fußwallfahrt erinnert der 20,2 Kilometer lange Marienwanderweg, der im Jahr 2000 geschaffen wurde. Die gut gekennzeichnete Route folgt von Marienthal nach Marienstatt auf Teilstücken dem Pilgerweg. Geübte Wanderer benötigen für diese Tagestour etwa fünf bis sechs Stunden. Vom Zisterzienserkloster Marienstatt kann man 2,2 Kilometer bergauf wandern bis zum Bahnhof Hattert an der B 414. Von dort verkehren auch am Wochenende Züge (RB 90 nach Siegen) in etwa 30 Minuten zurück zum Haltepunkt Marienthal.

Tourist-Information
Rathausstraße 13, 57610 Altenkirchen
Tel. 02681/85-0
www.vg-altenkirchen.de
Fahrplan unter: www.der-takt.de
www.dreilaenderbahn.de

Wandern auf Spuren des Bergbaus

Vom Klosterdorf Marienthal aus entdecken Wanderer auf einem historischen Bergbauwanderweg (Markierung durch Eisen/Schlegel) an zehn markanten Punkten – Stollen, Köhlerplätze, Gruben – die Spuren des Bergbaus im nördlichen Westerwald: Eisenspat, Brauneisenerz, Bleiglanz und Roteisenstein wurden in der Gegend gefördert. Der fünf Kilometer lange Rundweg wurde von den Heimatfreunden im Hammer Land angelegt.

Mit dem E-Bike auf Tour

Ein rundes Dutzend Verleih- und Ladestationen für E-Bikes von Movelo e-biking gibt es im Westerwald zwischen Wissen an der Sieg im Norden und Diez an der Lahn. In den Stationen bekommt man Kartenmaterial und von Kennern der Gebiete Tipps für Schnupperrunden und Tagestouren. Die Fahrradwege sind in der Regel sehr gut ausgeschildert und führen durch abwechslungsreiche Landschaftspartien, auf Teilstücken aber hin und wieder auch entlang der Hauptstraßen. Die Miete pro E-Bike beträgt etwa 25 € ganztags und 15 € halbtags.

Das Faltblatt mit den Adressen aller Verleihstationen gibt es bei Westerwald Touristik-Service (siehe Seite 124). Für Wander- und Radtouren im „Wäller Land" rund um Westerburg und den Wiesensee bei Stahlhofen gibt es ein Faltblatt mit Landkarte bei:

Tourist-Information WällerLand
Winner Ufer 9, 56459 Stahlhofen am Wiesensee, Tel. 02663/291-494
www.waellerland.de

Bergbaumuseum

Im Bergbaumuseum erleben Besucher die Bedeutung der schweren Arbeit in Gruben und Hüttenwerken zwischen Westerwald und Siegerland. Am Berg bei Sassenroth ist der Förderturm weithin sichtbar. Herdorf war einst das Zentrum des uralten Siegerländer Bergbaugebietes. Das unter dem Museum eingerichtete Schaubergwerk zeigt die Arbeitswelt der Bergleute. Das Museum wurde von Kumpeln mit Originalteilen aufgebaut. Außen sind der 15 Meter hohe Förderturm, das Maschinenhaus und Großgeräte zu sehen.

Schulstraße 13
57562 Herdorf-Sassenroth
Tel. 02744/63 89
www.kreis-altenkirchen.de/BERGBAUMUSEUM

Öffnungszeiten: Di–So 10–12 Uhr und 14–17 Uhr
Eintritt: Erwachsene 3 €, Schüler/Studenten 1 €

Cadillac-Museum

Einzigartige private Sammlung von rund 30 Fahrzeugmodellen aus den 1950er- bis 1970er-Jahren. Die Autos sind umgeben von Flippern, Radios, Plattenspielern und Jukeboxen aus jenen Jahren. Im Cadillac-Café schmecken Kaffee und Kuchen. Einige Fahrzeuge kann man auch für eine Tour mieten.

Zur Tiefenbach 6, 57627 Hachenburg
Tel. 02662/948 25 30
www.cadillac-museum.com
Öffnungszeiten: Mo–Fr 9–18 Uhr, Sa 10–16 Uhr, So 12–16 Uhr
Eintritt: Erwachsene 5 €, Jugendliche 3 €

Landschaftsmuseum Westerwald

Verschiedene regionaltypische Bauernhäuser mit hübschen Fachwerkfassaden sind in diesem Museum bewahrt. Bauern- und Kräutergarten, Backhaus. Ältestes Gebäude ist eine Scheune aus Sainscheid, die aus dem Jahr 1680 stammt.

Leipziger Straße 1, 57627 Hachenburg
Tel. 02662/74 56
www.landschaftsmuseum-westerwald.de
Öffnungszeiten: Di–So, Feiertage 10–17 Uhr
Eintritt: Erwachsene 4 €, Schüler 1 €, Senioren 3 €, Familien 6 €

Traktormuseum

Private Sammlung restaurierter Traktoren. Ein Ziel für alle Fans der historischen Ackerschlepper.

Hotel Krambergsmühle – am Landcafé
Krambergsmühle 1, 57644 Winkelbach
Tel. 02680/98 08 00
www.hotel-krambergsmuehle.de
Öffnungszeiten: Mi–So ab 10 Uhr
Eintritt: frei

Stöffel-Park

Im Stöffel-Park wird die Geschichte des Basalts lebendig. Seinen Namen hat der Industriepark von dem ursprünglich 450 Meter hohen Berg Stöffel oberhalb von Enspel. Hier wurde von 1903 bis 2000 das „Schwarze

Gold des Westerwaldes" abgebaut – in der Blütezeit des Tagebaus von über 1.000 Beschäftigten. Mit 140 Hektar Fläche befand sich am Stöffel einst der größte Basaltbruch in Rheinland-Pfalz. Heute faszinieren die Besucher die alte Schmiedehalle des Werkes sowie die verschiedenen Förder- und Brecherstationen des ehemaligen Betriebes. Die Anlagen am Stöffel erinnern ein wenig an die UNESCO-Weltkulturerbestätten Zeche Zollverein oder auch Völklinger Hütte. Noch immer wird in der Grube im Tagebau Basalt abgebaut. Im Erlebniszentrum Tertiärum begegnet einem mit der Versteinerung der 20 Mio. Jahre alten Stöffelmaus eine echte Sensation. Archäologen entdecken bei verschiedenen Grabungen immer wieder wertvolle Fossilien aus der Urzeit.

Stöffelstraße, 57647 Enspel
Tel. 02661/98 09 80-0
www.stoeffelpark.de
Öffnungszeiten: März–Oktober
tägl. 10–18 Uhr
Eintritt: Erwachsene 5 €,
Kinder 3 €, Familien 10 €
Führungen: ab ca. 11 Uhr
„Brecher-Spaziergang"
(Dauer 45 Min.) mit Egon Negd
durch die Industrieanlagen
Eintritt: 50 Prozent des
jeweiligen Eintrittspreises

Birkenhof Brennerei

Seit über 160 Jahren ist diese Brennerei in Familienbesitz. Die Manufaktur wird in der siebten Generation von Steffi und Peter Klöckner geleitet und gilt unter den Kennern als eine der besten Destillerien Deutschlands.

Aus einer Kornbrennerei entwickelte sich der Betrieb zu einer hochprozentigen Genusswelt, wo heute auch Obstbrände, Gin und Whisky destilliert werden. Neu ist der Single Malt Whisky „Fading Hill", den die Klöckners im Frühjahr 2017 präsentierten. Für die Besucher werden Whisky- und Gin-Tastings, Genussabende und Destillateur-Kurse angeboten.

Auf dem Birkenhof, 57647 Nistertal
Tel. 02661/98 20 40
www.birkenhof-brennerei.de
Führungen und Verkostung für Einzelpersonen und kleine Gruppen Fr 16 Uhr, Sa und jeden 1. So im Monat jeweils 15 Uhr (ausgenommen an Feiertagen), Dauer 2 Stunden
Kosten: 6,50 € (inkl. Gastgeschenk)

Die kleine Fromagerie

Über 100 Edelziegen von Claudia Schäfer-Trumm in Oberrod bei Rennerod genießen den weiten Auslauf und das aromatische Wiesengras des hohen Westerwaldes. Landromantik pur atmen Garten und Gebäude der „Ziegenkäseprinzessin". Kräuter und Blüten, aber auch Tannenrinde und Westerwälder Destillate verarbeitet Claudia Schäfer-Trumm in ihren Produkten. Insgesamt 35 verschiedene Käsevariationen vermarktet die Oberroderin. Inspiriert von französischer Ziegenkäsetradition ist sie dabei, neue Formen, Rezepturen und Reifewege zu finden. Es gibt einen Hofladen und Sonderveranstaltungen wie Betriebsführungen mit anschließendem Dinner. Wer danach nicht mehr ins Auto steigen möchte, übernachtet in den Ferienwohnungen der nahen Auberge im Dorf.

Claudia Schäfer-Trumm
Obere Wiesenstraße 8, 56479 Oberrod
Tel. 02664/904 93
www.kleine-fromagerie.de
Öffnungszeiten des Hofladens:
Di–Sa 10–14 Uhr und 16–19 Uhr

Die Vulkaneifel

Kriminell auf jeden Fall

Hillesheim in der Vulkaneifel ist Deutschlands Krimihauptstadt. Im Café Sherlock lassen wir uns Mafiatoast munden, wir stöbern im Krimiarchiv und im ersten Deutschen Krimihotel legen wir uns unter Bildern von Agatha Christie zur Ruhe. Der Eifelkrimi-Wanderweg führt uns zu fiktiven Tatorten und einem wachsenden Wasserfall – geheimnisvoll wie ein Krimi.

Anfahrt

Mit dem Auto über die A 1 Köln – Blankenheim, am Autobahnende auf Landstraßen über Freilingen, Lommersdorf und Wiesbaum bis Ahütte, Nohn, Berndorf und Hillesheim

Mit der Bahn gibt es regelmäßige Verbindungen in Richtung Jünkerath – Gerolstein – Trier zum Bahnhof Oberbettingen-Hillesheim. www.bahn.de, www.busse-und-bahnen.nrw.de

FREITAGNACHMITTAG

Immer einsamer wird die Landschaft, nachdem wir die Autobahn A1 hinter uns gelassen haben. Kurvig sind die Nebenstraßen bis zu unserem ersten Ziel an diesem Wochenende: der Wasserfall Dreimühlen nahe dem kleinen Örtchen Ahütte.

Am Ortsrand haben wir geparkt und den Lärm des nahen Steinbruchbetriebes bald hinter uns gelassen. Wir wandern gemütlich vorbei an einer ehemaligen Bahntrasse und stehen nach einem Kilometer vor dem Phänomen des wachsenden Wasserfalls. Viele Jahre fanden die Menschen in der Eifel keine Erklärung für das plätschernde Naturschauspiel; doch Forscher lösten das Geheimnis um die drei Quellbäche, die hier seit der letzten Eiszeit vor etwa 10.000 Jahren den Berg herabrauschen. Das karbonreiche Wasser setzt Kohlendioxid frei, verbleibendes Calciumkarbonat überkrustet die dunkelgrünen Moose. Auf diese Weise wächst der Wasserfall Jahr für Jahr etwa acht bis zehn Zentimeter ins Tal hinein.

Längst ist der wachsende Wasserfall zu einer Attraktion für Sommerurlauber in der Eifel geworden. Wanderer auf dem Fernwanderweg Eifelsteig legen hier gern eine Pause ein und erfrischen sich am kühlen Nass. Das können wir Kurzwanderer sehr gut verstehen. Denn immerhin ist deren Tagesetappe 26 Kilometer lang, führt sie über Berge und durch Täler von Mirbach bis nach Hillesheim – mehrere steile Anstiege inbegriffen.

Der geheimnisvoll rauschende Wasserfall ist der passende Auftakt für unser Wochenende rund um fiktive kriminelle Machenschaften, erfundene Tatorte und erfolgreiche Ermittlungsarbeit in Deutschlands Krimihauptstadt Nr. 1, dem beschaulichen Hillesheim, das wir über Berndorf erreichen.

Links Tiefgründig: Weinfelder Maar
Rechts Wachsend: Wasserfall Dreimühlen

Berndorf, das sagt uns was. Jacques Berndorf siedelt 1984 in die Eifel über und ist der Autor unzähliger Eifelkrimis. Unter dem Pseudonym Berndorf schreibt der ehemalige Spiegel-Journalist Michael Preute im Jahr 1989 mit dem Titel „Eifel-Blues" seinen ersten regionalen Krimi und löst damit eine Welle (nicht der Gewalt) von Krimis mit regionalem Bezug aus. Inzwischen sind es mehr als 20 Bücher, in denen Berndorf seine Hauptfigur, den Journalisten Siggi Baumeister, in der Eifel ermitteln lässt.

In Hillesheim wird das Thema Krimi etwa fünf Jahre später entdeckt: Immer häufiger tauchen dort Touristen auf, die Tatorte des fiktiven Verbrechens aus Berndorfs Büchern auch real sehen wollen. So entsteht der Eifelkrimi-Wanderweg mit elf Schauplätzen. Einen der elf hatten wir bereits gesehen – den geheimnisvollen Wasserfall.

1 Krimiweg am Wasserfall
2 Klosterkirche in Niederehe

Margeritenwiese am Wegesrand

DER EIFELKRIMI-WANDERWEG besteht aus zwei Routen (18 und 20 Kilometer) und führt zu fiktiven Krimi-Orten. Von den Startorten Hillesheim und Kerpen/Eifel sind die Rundrouten jeweils mit dem Logo gut gekennzeichnet, sodass unterwegs kein Schauplatz unentdeckt bleibt. Den Wasserfall Dreimühlen erreichen Wanderer auf der Route ab Kerpen. „Tagsüber Idylle pur – Finsterer Tatort bei Nacht“ heißt es über das plätschernde Nass.

www.krimiland-eifel.de

FREITAGABEND

Alles scheint sich in Hillesheim um Krimis zu drehen. Wen wundert es da noch, dass wir am späten Nachmittag in Deutschlands erstem Krimihotel einchecken. Nehmen wir das James-Bond-Doppelzimmer oder legen wir uns bei Miss Marple ins Bett? Uns bleibt keine Wahl! Das Hotel ist gut gebucht, wir werden die beiden nächsten Nächte im Themenzimmer „Alfred Hitchcock" verschlummern. Wem das zu gruselig ist, der nächtigt direkt neben dem Krimihotel im Hotel Augustiner Kloster in den Mauern eines ehemaligen Klosters, dessen Geschichte bis ins 13. Jahrhundert zurückreicht.

Beschaulich ist Hillesheim und eigentlich gar nicht kriminell, stellen wir nach dem Abendessen im Krimihotel beim Bummel durch den Ort fest. Ein paar wilde Nachwuchsbiker brettern auf knattrigen Mopeds über die Straßen – aber sonst? Motoren heulen auf, Reifen quietschen, als eine Gruppe Jugendlicher mit ihren Autos vom Parkplatz neben dem Hotel losfährt. Tiefergelegt sind die Wagen, Heckspoiler und Frontschürze. Alles kleine Rennfahrer hier in der tiefsten Eifel, wo der Nürburgring in der Nachbarschaft liegt.

Im Zentrum: das Krimihotel

Übernachtungstipps

Das Krimihotel
Am Markt 14, 54576 Hillesheim
Tel. 06593/980 89-600
www.krimihotel.de

Hotel Augustiner Kloster
Augustinerstraße 2, 54576 Hillesheim
Tel. 06593/98 08 90
www.hotel-augustiner-kloster.de

SAMSTAGVORMITTAG

Vor dem Tourismusbüro am Markt erwarten uns „Klara Fall" und „Hella Blick". Klar, das sind nur die Tarnnamen von Dorita Molter-Frensch und Petra Denter, wie das Ermittlerduo im richtigen Leben heißt. Zwei Stunden wollen wir Petra Denter bei der „Fahndungsarbeit" begleiten, kreuz und quer durch die Krimihauptstadt Hillesheim. In den 2000er-Jahren haben die beiden Freizeit-Fahnderinnen ihre Krimitouren entwickelt, neben der zwei Kilometer langen, gemütlichen Route durch Hillesheim (startet jeden zweiten Samstag im Monat) sind das auch die Wanderung vom Burgdorf Kerpen über zwölf Kilometer bis zum Wasserfall Dreimühlen oder die zehn Kilometer hinein in Berndorfs Krimiwelt.

„Angefangen haben wir mit einer langen Wanderung von Hillesheim bis Berndorf und zum Steinbruch hinter Kerpen. Schließlich spielt dort Jacques Berndorfs erster Krimi, der Eifel-Blues", erzählt uns Petra Denter alias „Klara Fall". Doch das war vielen Krimifans zu beschwerlich und so kamen die anderen, kürzeren Touren hinzu. Mehrmals pro Woche gehen die beiden Ermittlerinnen mit Krimifans auf Tour – das Interesse ist groß. Krimifans reisen aus Luxemburg und selbst aus dem fernen Österreich in die Eifel, um die fiktiven Tatorte aus den Büchern von Jacques Berndorf und Ralf Kramp in der Realität zu erleben.

Krimitour mit Petra Denter

KRIMIFESTIVAL „TATORT EIFEL"
Höhepunkt des fiktiven kriminellen Treibens in der rauen Landschaft zwischen Köln und Trier ist das seit 1999 alle zwei Jahre stattfindende Krimifestival „Tatort Eifel". Jeweils im September reisen dazu Tausende Besucher in den Landkreis Vulkaneifel rund um Hillesheim und in die Kreisstadt Daun zu Filmpremieren und Krimilesungen.

www.tatort-eifel.de

Deutschlands Krimihauptstadt Hillesheim

Allerdings vermischen sich in der Eifel hin und wieder Fiktion und Wirklichkeit. Der umstrittene Bau des überdimensionierten Freizeit- und Businesszentrums an der berühmten Rennstrecke Nürburgring, bei dem Hunderte Millionen Euro verpulvert wurden, war die reale Vorlage für Jacques Berndorfs Band „Die Nürburg-Papiere". Bestseller-Autor Michael Preute alias Jacques Berndorf sagt dazu: „Das war geradezu ideal für einen Eifel-Krimi."

Hungrig sind wir geworden bei unserer „Fahndungsarbeit" und kehren ein im Café Sherlock im Hillesheimer Kriminalhaus, das im September 2007 von dem Verleger und Krimiautoren Ralf Kramp und seiner Frau Monika eröffnet wurde. Das Kriminalhaus beherbergt neben dem Café Sherlock, der Krimi-Bibliothek auch die Buchhandlung Lesezeichen und die Büros von Kramps KBV-Verlag, einem der führenden Herausgeber von Taschenbuchkrimis.

Im Café Sherlock bestellen wir den Mafiatoast Spezial, dazu den Espresso Schwarzer Tod und fühlen uns beinahe schon – nein besser nicht, niemand soll bitteschön in Deutschlands Krimihauptstadt ins kriminelle Milieu abrutschen. Lieber blättern wir noch ein wenig in der urigen Speisekarte des Café Sherlock, entdecken passend zur Fünf-Uhr-Tea-Time „Miss Marples Cream Tea", angerichtet mit Scones, Erdbeermarmelade und originaler Clotted Cream – very british, indeed.

Gestärkt können wir die steilen Stiegen zu den oberen Etagen erklimmen und stehen in der wohl größten Krimiliteratur-Bibliothek hierzulande. Regale über Regale – vom Boden bis zur Decke füllen sie mehrere Räume: Rund 30.000 Bände umfasst das Deutsche Krimiarchiv, es ist die größte deutschsprachige Krimisammlung.
Ausleihen oder kaufen können wir keines der Bücher, aber Schmökern ist erlaubt. Und so ziehen wir uns zurück in die alten, bequemen Ledersessel und tauchen ein in die Welten fiktiver Verbrechen.

1 Zum Stöbern: Krimiarchiv
2 Zum Verweilen: Café Sherlock

Infos

Krimitouren
Anmeldungen für die Touren und
nähere Informationen über Termine und Preise bei
der Hillesheimer Tourist-Information,
Am Markt 1, 54576 Hillesheim
Tel. 06593/80 92 00
www.krimiland-eifel.de

Das Kriminalhaus/Café Sherlock
Am Markt 5–7, 54576 Hillesheim
Tel. 06593/80 94 35, www.kriminalhaus.de
Öffnungszeiten: Di–So 10–18 Uhr,
in den Ferien tägl. 10–18 Uhr

SAMSTAGNACHMITTAG

Kaum können wir uns trennen von dieser beeindruckenden Büchersammlung, die von den Kramps zusammengetragen wurde. Doch wir wollen noch weiter in den Geopark Vulkaneifel nach Wallenborn, zum „wallenden Born".

Von Hillesheim fahren wir auf kurvenreichen Land- und Kreisstraßen über Gerolstein, Birresborn und Salm etwa 30 Kilometer bis nach Wallenborn und folgen dort der Beschilderung zum wallenden Born.

Wallender Born übertragen wir in den Begriff „Sprudelquelle", was den Einheimischen wohl schon zu kompliziert klingt. Für sie ist der Kaltwassergeysir im Volksmund der „Brubbel". Rund alle 30 bis 40 Minuten sprudelt das Mineralwasser kräftig brausend für einige Minuten als Fontäne bis zu vier Meter hoch – ein ungewöhnliches Naturschauspiel, in dieser Art einmalig in Europa. Nur hier ist offensichtlich unter der Erde ein Hohlraum, der sich immer wieder langsam mit Kohlendioxidgas (CO_2) füllt, dann durch den Druck schlagartig nach oben entweicht und das Wasser brubbeln lässt.

Genug gebrubbelt! Infotafeln in dem hübschen Park an der Sprudelquelle erklären anschaulich die vulkanischen Ursprünge der Region und versetzen uns in eine Zeit von vor etwa 35 bis 45 Millionen Jahren. Damals brachen die Eifelvulkane erstmals aus. Vor rund 10.000 Jahren gab es den letzten Ausbruch, bei dem das Ulmener Maar entstand. Jedes Jahr, so hatten wir es vor unserem Wochenende in Hillesheim gelesen, hebt sich das Eifelland um etwa einen Millimeter. Dort ist die Erdkruste viel dünner als in den meisten anderen Teilen der Welt. Wird es wieder zu einem Vulkanausbruch kommen? Das wollen wir am nächsten Morgen erfahren, zunächst freuen wir uns auf das Krimidinner mit Autorenlesung in unserem Krimihotel.

Infos

Natur- und Geopark Vulkaneifel
www.geopark-vulkaneifel.de

Alle halbe Stunde wallend in Wallenborn – der Brubbel

SAMSTAGABEND

An diesem Abend liest die Kölner Krimiautorin Carola Clasen aus ihrem Band „Mord im Eifel-Express". Schaurig geht's zwischen ihren Buchseiten daher, auf der Zugstrecke zwischen Jünkerath, Dahlem, Nettersheim und Euskirchen. Wir erfahren von den Wirtsleuten, dass im Krimihotel regelmäßig Krimilesungen stattfinden. Zur guten Nacht beruhigt uns, dass Clasens mörderische Geschichte ihrer regen Fantasie entspringt und die vielen Pendler im Regionalexpress sicher sind. Wenn er pünktlich und störungsfrei bis Köln fährt … Aber das ist eine ganz andere Geschichte, die ziemlich reell ist.

SONNTAGVORMITTAG

Am Weinfelder Maar sind wir um 10 Uhr in der Früh mit Herbert Michels verabredet. Dafür fahren wir erneut etwa 30 Kilometer über die B 421 Dreis – Dockweiler – Daun Richtung Autobahn A 1, biegen hinter Daun links ab und folgen der Beschilderung zu den Maaren (Parkplatz auf der rechten Seite an der Landstraße 64 auf der Höhe). Michels stammt aus dem Eifeldörfchen Demerath bei Daun und ist Trailpark-Ranger und Kommunaler Wegemanager. Das hört sich gut an. Aber noch besser und melodischer klingt, was Michels mit seinen Wandergästen macht – die Naturführung in Mundart, in „Eifeler Platt".

1

„Das Ganze ist aus einer Bierlaune entstanden", verrät uns Michels. Als einer von 30 ausgebildeten Natur- und Geoparkguides ist er zwischen März und Oktober häufig mit Gästen in der Vulkaneifel auf Tour und dabei der Einzige, der Mundart-Führungen unternimmt. Gut zweieinhalb Stunden – mit Pausen – und etwa vier Kilometer wird unsere Wandertour an den drei Maaren Gemündener Maar, Weinfelder Maar und Schalkenmehrener Maar dauern. „Jooden Dach sesómme", begrüßt uns Michels in Mundart und nimmt uns mit auf seine Tour durch Geologie, Geschichte und Kultur, Legenden und Sagen inbegriffen.
Keine Angst, auch als Auswärtige können wir dem Dialekt folgen, der ein wenig der Sprache der Luxemburger und der Belgier im deutschsprachigen Gebiet um Eupen ähnelt. Und wenn wir mal ein Wort nicht verstehen, dann fragen wir nach. „Fragen sind erwünscht", hatte uns Michels gleich versichert.

Steil ist der Anstieg auf den Mäuseberg mit dem Dronketurm. Michels erläutert: „Das Bauwerk wurde 1910 errichtet und erinnert an den Gründer des Eifelvereines Adolf Dronke." Wir erfahren weiter, dass das Weinfelder Maar auch Totenmaar genannt wird und die Weinfelder Kapelle auf römischen Grundmauern ruht. Michels gerät bei den Ausblicken auf das kleine Gotteshaus ins Schwärmen: „Der Königsee im Berchtesgadener Land hat seinen Malerwinkel, wir schauen auf die Weinfelder Kapelle und das Maar."

Die Maare, sie werden auch die „Augen der Eifel" genannt. Michels erläutert: „77 Maare gibt es in der Eifel, mit Wasser gefüllt oder auch als kaum noch erkennbare Niederungen. Das Weinfelder Maar entstand vor etwa 20.000 Jahren, hat einen Durchmesser von 575 Metern und ist bis zu 51 Meter tief." Das Schalkenmehrener Maar nebenan bringt es auf etwa 25.000 Jahre, das Gemündener Maar auf rund 30.000.

70 Kilometer dick sei der Erdmantel normalerweise. „Hier bei uns sind es nur etwa 50 Kilometer", sagt Michels. „Kann es denn zu einem Vulkanausbruch in der bewegten Eifel kommen?", erkundigen wir uns voller Besorgnis bei dem Kenner der Region. Es sei keine Frage ob, sondern nur wann es dazu kommen würde. Schließlich komme es in der Eifel jährlich zu etwa 300 kleinsten und kleineren Erdbeben, so der Naturguide.

Da ist es nur beruhigend, dass die Eifel zu den am besten erforschten Vulkangebieten der Welt zählt und die sensiblen Messinstrumente der Geophysiker frühzeitig vor Gefahren warnen können.

Infos

Mundartwanderung

Informationen und Termine zu den Geopark-Naturführungen unter: www.geopark-vulkaneifel.de

1 Schalkenmehren am Maar
2 Mundart-Wanderer Michels

SONNTAGNACHMITTAG

Am späten Mittag kehren wir im Schalkenmehrener Café Maarblick ein und stärken uns für die letzte Etappe unseres erlebnisreichen Wochenendes zwischen anregenden Krimierlebnissen und unruhiger Natur. Daher lassen wir unsere Tage ausklingen mit dem Besuch der Feldkapelle in Mechernich-Wachendorf, schon auf dem Rückweg ins Rheinland. Von Schalkenmehren fahren wir über Daun, Hillesheim und Ahrhütte zur Autobahn A 1 bei Blankenheim, die wir bei der Ausfahrt Bad Münstereifel/ Mechernich wieder verlassen, um mit einem kleinen Umweg über Lessenich nach Mechernich-Wachendorf zu kommen (ab Schalkenmehren rund 100 Kilometer, Fahrzeit etwa 90 Minuten).

Zwölf Meter hoch ragt der Monolith seit 2007 über den kahlen Feldern in den Himmel. Der fünfeckige fensterlose Baukörper aus rohem Beton scheint sich mit dem Sonnenlicht in Farbe und Form stets zu verändern. Ein ungewöhnliches Bauwerk, gebaut vom berühmten Schweizer Architekten Peter Zumthor, der in Köln das Kolumba-Museum plante. Für sein Lebenswerk wurde Zumthor 2009 mit dem Pritzker-Preis ausgezeichnet, unter Architekten gilt diese Ehrung als „Nobelpreis". Zumthor folgte mit seinem Entwurf den Gedanken des Wachendorfer Landwirts Hermann-Josef Scheidtweiler; errichtet wurde die Feldkapelle zu Ehren des Schweizer Einsiedlers, Bruder Nikolaus von der Flüe.

Wer hier eintritt, der erlebt eine Stätte der Stille und der Besinnung. Und den Abschluss eines Wochenendes in einem Bauwerk, das in seiner rauen Klarheit zur Eifel passt.

Infos

Café Maarblick
Maarstraße 16, 54552 Schalkenmehren
Tel. 06592–966 60
www.cafe-maarblick.de
Öffnungszeiten: tägl.,
aber saisonal unterschiedlich

Bruder-Klaus-Feldkapelle
Besucherparkplatz – Iversheimer Straße,
53894 Mechernich-Wachendorf
Öffnungszeiten: Sommer Di–So,
Feiertage 10–17 Uhr, Winter Di–So,
Feiertage 10–16 Uhr
www.feldkapelle.de

Fünfeckig, fensterlos, roher Beton:
die Bruder-Klaus-Feldkapelle
in Wachendorf bei Mechernich
von Peter Zumthor

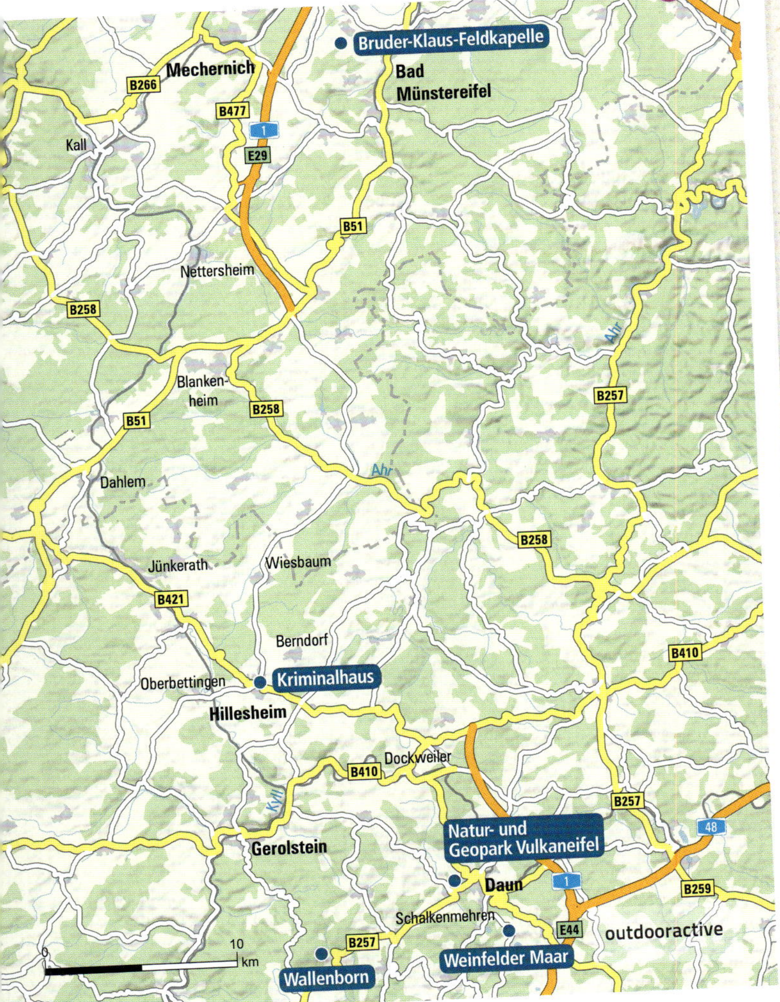

Eifel Tourismus

Kalvarienbergstraße 1, 54595 Prüm
Tel. 06551/965 60
www.eifel.info

Weitere touristische Angebote in der Vulkaneifel

Bollendorf – rauschende Bäche und Schluchten

Moosbewachsene Felsen, Schluchten, rauschende Bäche prägen das Felsenland Südeifel und die Gegend um um Neuerburg und Bollendorf im Deutsch-Luxemburgischen Naturpark. Für Wanderer ist die – kaum entdeckte – Region an der deutsch-luxemburgischen Grenze ein stilles Revier: Rundrouten unterschiedlicher Länge (1,8 bis 30 Kilometer) und verschiedener Schwierigkeitsgrade – leicht bis anspruchsvoll – verlaufen durch das Grenzgebiet. Dort zählen die Teufelsschlucht und die Wasserfälle von Irrel zu den bekanntesten Naturdenkmälern.

Naturparkzentrum Teufelsschlucht
Ferschweilerstraße 50, 54668 Erznen
Tel. 06525/933 93-0
www.felsenland-südeifel.de

Eifelsteig – der Weg durch die Kulturlandschaft Eifel

313 Kilometer lang ist der Eifelsteig von Aachen-Kornelimünster bis nach Trier. Geübte Wanderer sind auf dem Premiumwanderweg in 15 Tagesetappen unterwegs, die zwischen 17 und 25 Kilometer lang sind. Die Streckenabschnitte weisen Schwierigkeitsgrade von anspruchsvoll (Monschau – Einruhr) mit vielen Anstiegen bis leicht (Blankenheim – Mirbach) auf. Die 9. Etappe des Eifelsteigs mit einer Länge von 20,3 Kilometern führt als Tagestour von Deutschlands Krimihauptstadt Nr. 1 Hillesheim bis nach Gerolstein.

Infos unter Eifel Tourismus
(siehe Seite 144)
www.eifelsteig.de

Vulkaneifel-Pfade – Schritt für Schritt zur Muße

14 Wanderwege mit einer Gesamtlänge von 372 Kilometern bilden zwischen Hillesheim, Kelberg, Ulmen, Manderscheid und Gerolstein das Netz der Vulkaneifel-Muße-Pfade.

Die Routen beinhalten sowohl kurze Strecken (Gerolsteiner Keltenpfad mit einer Länge von 6,9 Kilometern) als auch anspruchsvolle wie mit dem Maare-Pfad (2-Tagestour, gut 35 Kilometer).

GesundLand Vulkaneifel
Leopoldstraße 9a, 54550 Daun
Tel. 06592/95 13 70
www.gesundland-vulkaneifel.de

Abstecher in den Hunsrück: Geierlay

Nicht mehr in der Vulkaneifel, sondern im südlichen Hunsrück in der Nähe von Kastellaun befindet sich eine der längsten Fußgängerhängeseilbrücke Deutschlands, die eine Extratour wert ist: 380 Meter lang und 100 Meter über der Talsohle des Mörsdorfer Baches ist das 42 Tonnen schwere Bauwerk zum Besuchermagnet geworden. Schwindelfrei sollte man sein und keine Bange haben, da die Brücke schwankt! Man erreicht sie vom Besucherzentrum über zwei Rundwege, der eine drei und der andere sechs Kilometer lang.

Besucherzentrum Geierlay
Kastellauner Straße 23, 56290 Mörsdorf
Tel. 06762/40 16 98, www.geierlay.de

Durstlöscher – Eifelwasser und Eifel-Bier

Wie gut Eifelwasser sein kann, erleben die Besucher während einer Führung im Unternehmen Gerolsteiner Sprudel. Ganzjährig finden dort montags bis freitags um 9, 11 und 13 Uhr Führungen mit vorheriger Anmeldung statt. Außerdem gibt es für spontane Besucher (Einzelbesucher und Familien) wochentags jeweils um 15 Uhr eine Führung. Der Eintritt ist frei.

Besucherzentrum Gerolsteiner Sprudel
Vulkanring, 54567 Gerolstein
Tel. 06591/142 38, www.gerolsteiner.de

Bitte ein Bit!

In Bitburg in der Südeifel wird eines der bedeutendsten Pilsenerbiere Deutschlands gebraut. In der Erlebniswelt der Brauerei wird gezeigt, wie das Premiumpils entsteht.

Bitburger Marken-Erlebniswelt
Römermauer 3, 54634 Bitburg
Tel. 06561/140, www.bitburger.de
Öffnungszeiten: Mo–Fr 10–19 Uhr, Sa, Feiertage 10–18 Uhr, So 11–16.30 Uhr
Eintritt: Erwachsene 9 €, Kinder bis 12 Jahre frei, Jugendliche (12–15 Jahre) 4 €, Schüler/Studenten/Azubis 7 €

Eifel als Drehort für Film und Fernsehen

„Mord mit Aussicht" ist eine der bekanntesten TV-Serien, die seit 2007 in der Eifel in dem fiktiven Örtchen Hengasch angesiedelt ist. Caroline Peters spielt die Kölner Kriminalkommissarin Sophie Haas, die in die Eifel strafversetzt wurde. Die Dreharbeiten fanden beispielsweise in Kallmuth und in Nettersheim statt. Im Fachwerkstädtchen Monreal sind die Schauspieler Uwe Ochsenknecht und Diana Amft anzutreffen. Dort spielt die TV-Serie „Der Bulle und das Landei". In „Indiana Jones und der letzte Kreuzzug" taucht ein Schloss auf, das einigen Zuschauern vielleicht bekannt vorkommt – das Schloss Bürresheim bei Mayen. Das Schloss wurde im Film kurzerhand nach Österreich verlegt und heißt Schloss Brunwald. Auf dem ehemaligen Heeresflieger-Flugplatz Mendig werden regelmäßig die allerneuesten Automodelle für die TV-Sendung „Auto mobil" im Sender VOX von den beiden Moderatoren Alex Bloch und Andreas Jancke getestet. Für RTL NITRO entstand dort die Spieleshow „Nitro Autoquartett", in der Prominente wie etwa Georg Hackl, Mario Basler und Jean-Marie Pfaff in verschiedenen Fahrzeugen – vom Traktor bis zum Feuerwehrauto – gegeneinander antraten.

www.vox.de/cms/sendungen/auto-mobil

Luxemburg

Handtuchschmal im Müllerthal

Zwischen haushohen Felsen schlängelt sich der Wanderpfad durchs Müllerthal – fit sollte man für diese Tour sein. Wer es gemütlicher haben will, der macht einen Spaziergang durch Echternach. Und fährt entlang der Mosel bis in das Winzerdorf Schengen. Dort wurde ein bedeutendes Kapitel europäischer Geschichte geschrieben – der Schengen-Vertrag als Grundlage für unser freies Reisen.

Anfahrt

Mit dem Auto über die A 1 Richtung Blankenheim, B 51 Richtung Trier, A 60 bis Abfahrt Bitburg, B 51 bis Bitburg, B 257 nach Echternach

Mit der Bahn gibt es regelmäßige Verbindungen über Trier oder Liège-Guillemins nach Luxemburg-Stadt, vom Hbf. dort Busverbindungen nach Echternach, ins Müllerthal und an die Mosel.
www.bahn.de, www.cfl.lu, www.mobiliteit.lu

FREITAGNACHMITTAG

Spät sind wir zu Hause gestartet, standen länger im Verkehrsstau auf dem Kölner Autobahnring. So ist es bereits gegen 17 Uhr, als wir an diesem Freitagnachmittag von Bitburg aus kommend das idyllische Städtchen Echternach in Luxemburg erreichen.

Viel Zeit bleibt uns nicht für eine umfangreiche Stadtbesichtigung. Doch da unser gebuchtes Hotel – die Hostellerie de la Basilique – mitten im Zentrum liegt, können wir die wichtigsten Sehenswürdigkeiten noch kennenlernen und dabei eintauchen in die Geschichte der ältesten Stadt unseres Nachbarlandes. Wer weniger Zeit hat, kann auch im Hotel Trail Inn nächtigen, das in der Nähe des Müllerthal-Trails liegt, unser Ziel für Samstagvormittag.

Bereits im Jahr 698 gründete der heilige Willibrord (um 658–739) aus Northumberland in dem Flecken am Sauer-Fluss eine Benediktinerabtei, die sich im 10. und 11. Jahrhundert zum Zentrum christlichen Glaubens und der Kultur entwickelte. Willibrord, so lernen wir beim Besuch der romanischen Basilika, starb 739 in Echternach und wurde in der Krypta des Gotteshauses aus dem 11. Jahrhundert begraben, so wie er es in seinem Testament verfügt hatte. Wir notieren am Rande: Willibrord ist der einzige Heilige, der in unserem Nachbarland Luxemburg seine letzte Ruhe fand.

Schon die alten Römer waren ebenfalls in Echternach und noch viel früher als der angelsächsische Missionar Willibrord. „Etwa 65 nach Christus entstand die Römervilla", sagt uns Stadtführer Alain Muller beim Rundgang durch das lebendige Stadtzentrum. Mit den heute sichtbaren Bauten in der Nachbarschaft des Echternacher Sees begründeten sie die lange Geschichte des gegenwärtig 5.700 Einwohner zählenden Ortes.

Links Felsig: das Müllerthal
Rechts Romanisch: Basilika Echternach

Viele Gäste reisen wegen der kulturellen Highlights nach Echternach, andere nutzen die Kleinstadt als Ausgangsort für Wanderungen im Müllerthal und Ausflüge ins Luxemburger Moseltal oder einen Abstecher nach Luxemburg-Stadt – ganz so wie wir unsere Wochenendreise gestalten wollen. Nach dem kleinen Rundgang durch Echternach beschließen wir den Freitag mit einem ausgiebigen Dinner im Hotel – Luxemburger Küche, ein Genuss.

ECHTERNACHER SPRINGPROZESSION

Jedes Jahr am Dienstag nach Pfingsten „springt“ diese religiöse Prozession zu Polkamelodien durch das Zentrum von Echternach bis zum Grab des Hl. Willibrord in der Basilika. Der Überlieferung nach ist die Prozession im 19. Jahrhundert entstanden, andere Quellen sprechen jedoch vom Mittelalter. Fünf Pilger stellen sich jeweils in einer Reihe auf, verbunden durch ein weißes Tuch, und springen im Takt der Musik seitlich vorwärts, im Wechsel nach links und nach rechts. Der sogenannte Pilgerschritt – zwei Schritte vor, einer zurück – ist ein überliefertes Bild. An der Prozession nehmen heute bis zu 9.000 Springer teil, die aus Luxemburg, Deutschland, Belgien und den Niederlanden kommen. Die Springprozession wurde 2010 von der UNESCO als immaterielles Kulturerbe der Menschheit anerkannt.

Viel besucht ist Echternach.

Übernachtungstipps

Hostellerie de la Basilique
7–8, Place du Marché, L-6460 Echternach
Tel. +352/72 94 83, www.hotel-basilique.lu

Hotel Trail Inn
1, Route d'Echternach, L-6550 Berdorf
Tel. +352/26/78 42 45, www.de.trail-inn.lu

SAMSTAGVORMITTAG

„Der frühe Vogel fängt den Wurm", nach diesem Motto sind wir zeitig aus den Federn, genießen das üppige Frühstück und treffen beim Auschecken an der Rezeption unsere Begleiterin Susanne, mit der wir heute das Müllerthal erkunden wollen. Steile Felsen und tiefe Täler prägen das Bild des Landstrichs, der eine Ausdehnung von gerade mal 15 mal 25 Kilometer aufweist. Mit zwei Fahrzeugen sind wir ab Echternach über Scheidgen und Consdorf auf schmalen, kurvigen Landstraßen unterwegs. Wir werden einen Wagen an unserem Ziel Heringer Millen abstellen, mit dem zweiten Fahrzeug zu unserem Startplatz an der Consdorfer Millen fahren und von dort etwa sechs Kilometer unterwegs sein. Der komplette Rundweg, Müllerthal – Consdorf – Müllerthal (gut gekennzeichnet mit einem blauen Fähnchen), ist 9,3 Kilometer lang; geübte Wanderer benötigen für den bis auf über 300 Meter ansteigenden Weg insgesamt etwa dreieinhalb Stunden. Kein Sonntagsspaziergang! Die Wanderfachleute der Region haben dem Rundweg den Schwierigkeitsgrad „schwer" verpasst. Feste Wanderschuhe mit Profilsohle sind unbedingt erforderlich. Die Wanderexperten haben nicht übertrieben:

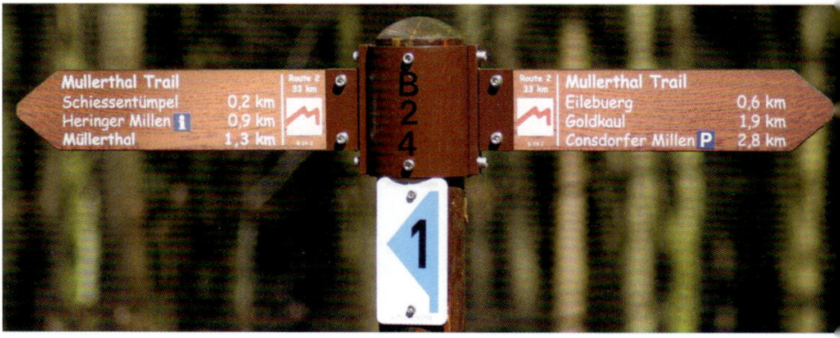

Gut gekennzeichnet: Müllerthal-Trail

Trittsicher müssen wir sein auf dem schmalen Trail, konzentriert schauen wir häufig hinab zum Boden, um nicht über tückisches Wurzelwerk zu stolpern. Hin und wieder führen uns auch ausgetretene Stufen durch die Felsenlandschaft, feucht sind die Tritte und dementsprechend auch schlüpfrig. Spätestens an der hautengen Passage durch die bizarren Sandsteinfelsen

MÜLLERTHAL-TRAIL IN DER „KLEINEN LUXEMBURGER SCHWEIZ“

Der Müllerthal-Trail mit einer Gesamtlänge von 112 Kilometern wurde im Mai 2008 eröffnet und setzt sich aus drei Schlaufen von jeweils rund 40 Kilometern zusammen. Diese Rundtouren lassen sich in mehreren Etappen gut erwandern. Ergänzt werden die Strecken noch durch vier sogenannte ExtraTouren (A bis D) mit Längen zwischen neun und 31,5 Kilometern und einige Rundwege, wie etwa unsere Tour von der Consdorfer zur Heringer Millen (Mühle). Der Müllerthal-Trail und die ExtraTouren sind gut mit einem roten und hellroten M auf weißem Grund gekennzeichnet. Der Müllerthal-Trail zählt zu den besten Wanderwegen Europas mit dem Gütesiegel „Leading Quality Trail – Best of Europe“. Die Wanderregion im Naturpark mit insgesamt knapp 100 Rundwegen, zwischen zwei und zwölf Kilometern lang, nennt sich „Kleine Luxemburger Schweiz“ und wurde im 19. Jahrhundert zuerst von niederländischen Touristen entdeckt, die dem Landstrich in Erinnerung an die Schweiz den Beinamen gaben. Damals entstanden in der Region auch die ersten Hotels.

www.mullerthal-trail.lu/de

von Goldkaul und Goldfralay wird auch das Motto dieses Wochenendes zur Wirklichkeit: handtuchschmal im Müllerthal!

Dunkel und unheimlich ist es zwischen den 20 Meter und mehr aufragenden Felsformationen, von denen manche wie Figuren emporstreben. Doch dann ist der Spuk vorbei, wir steigen abwärts, überqueren im jahrhundertealten Buchenwald zwei Landstraßen und sind im Flusstal der Schwarzen Ernz (Ernz noire) angekommen. „Schiessentümpel“ nennen sie hier den kleinen, malerischen Wasserfall, weil das Wasser wild in drei Strömen in

Im Müllerthal bei Echternach: Felsen wachsen aus dem Wald.

das Felsbecken hineinschießt, erläutert unsere Mitwanderin Susanne. Für uns ist der Schiessentümpel während der Wandertour ein weiteres Highlight, nun verläuft der Weg gemächlich abwärts und führt uns zum Ziel, der Heringer Millen.

Dort haben wir Glück und treffen Robert „Robi" Baden, der an manchen Tagen die Wanderer in der Mühle begrüßt. Robi ist eigentlich Schreiner in Waldbillig, aber mit viel Engagement hat er innerhalb von acht Jahren zusammen mit weiteren Ehrenamtlern die schon halb verfallene Wassermühle aus dem 17. Jahrhundert restauriert und zu einem Schmuckstück gemacht. Als „Freizeitmüller" zeigt er gemeinsam mit Bäckermeister Rainer Bügler, wie man Brot backt. Mehrere Male in der Woche finden die Back-Workshops für bis zu 15 Teilnehmer statt. Bäckermeister Bügler: „Zu uns kommen auch junge Mütter, die heutzutage nicht mehr wissen, wie aus dem Teig beim Backen Brote werden."

Neben dem restaurierten Mahlwerk und der Backstube gibt es im Mühlengebäude das Tourismuszentrum Heringer Millen mit dem Testcenter „Best of Wandern" für Ausrüstungsgegenstände fürs Wandern, Radeln, Klettern und MTB-Touren. Die Bekleidung kann zu Testzwecken kostenlos entliehen werden. Das Tourismuszentrum bietet geführte Wanderungen in Kombination mit dem gemeinsamen Brotbacken an, manchmal auch mit einem Überraschungs-Picknick während der Wandertour.
Wir essen in der Brasserie Heringer Millen, im modernen gläsernen Anbau des Mühlenhauses zu Mittag. In der Brasserie, die von Bocuse-Schüler Lars Fiebig und seiner Frau Marie-Louise geleitet wird, kommen regionale Luxemburger Speisen und französische Spezialitäten zu moderaten Preisen in guter Qualität auf den Tisch.

Infos

Touristcenter Heringer Millen
1, Rue des Moulins, L-6245 Mullerthal
Tel. +352/87 89 88, www.mullerthal-millen.lu
Öffnungszeiten: Sommer tägl. 9.30–16.30 Uhr, Winter Mi–So 9.30–16.30 Uhr

Brasserie Heringer Millen
1, Rue des Moulins, L-6345 Mullerthal
Tel. +352/26/78 47 17, www.heringermillen.lu
Öffnungszeiten: Mi–Sa 12–24 Uhr, Küche 12–21 Uhr, So 11.30–17 Uhr

1 Rastplatz: Heringer Millen
2 Restauriert: altes Mühlrad
3 Hobbymüller Robi Baden

SAMSTAGNACHMITTAG

Nach dem Lunch verabschieden wir uns von unserer Mitwanderin Susanne und von Robi Baden – und versprechen wiederzukommen: Die Heringer Millen ist ein wunderschöner Fleck im Müllerthal!

Wir fahren über enge Landstraßen aus der Talaue noch kurz hinauf bis Beaufort mit seiner wehrhaften Ritterburg. Zwischen 1150 und 1650 wurden die Ritterburg und das benachbarte Renaissanceschloss errichtet. Ab dem 18. Jahrhundert war die Burg unbewohnt: Bewohner des Umlandes nutzten sie als Steinbruch, sodass das Bauwerk immer weiter verfiel. Mit dem neuen Eigentümer Edmond Linckels wurde die Burgruine ab 1928 restauriert und vier Jahre später der Öffentlichkeit zugänglich gemacht. Linckels starb 1975, seine Frau bewohnte das Renaissanceschloss bis zu ihrem Tod im Jahr 2012. 1981 wurden Burg und Schloss staatliches Eigentum, seit 1988 ist die Anlage als nationales Denkmal geschützt. Im März 2013 wurden die privaten Räume im Schloss erstmals für Besucher geöffnet.

Schade eigentlich, wir können dieses Mal nicht bis zur Führung um 16 Uhr warten, da wir mit dem Moselland noch eine weitere Landschaft Luxemburgs entdecken wollen. So schauen wir uns in der Ruine der mittelalterlichen Burg um, probieren ein Gläschen Cassero, ein Likör aus schwarzen Johannisbeeren, der im Schlosspavillon verkauft wird, und machen uns auf den Weg nach Remich, Schengen und ins saarländische Perl.

Wir fahren von Beaufort auf der Landstraße talwärts nach Dillingen an der Sauer und dann auf der Nationalstraße 10 (N 10) in Richtung Süden, immer dem Fluss folgend bis Wasserbillig mit der Mündung der Sauer in die Mosel. Wasserbillig – eigentlich müsste der lebendige Ort den Beinamen „Kraftstoff-Billig" tragen.

Entlang der Nationalstraße 10 haben sich links und rechts ein rundes Dutzend Tankstellen und einige Supermärkte angesiedelt. Luxemburg ist seit Jahren Ziel der Tanktouristen aus der Grenzregion – der Liter Benzin oder Diesel fließt hier durchschnittlich etwa 20 Eurocent billiger als bei uns in die Tanks. Ein gutes Geschäft!

„Luxemburg ist mehr als Tanken und Banken", hatte uns vor Jahren bereits ein guter Bekannter aus dem Großherzogtum versichert. Zu dem „Mehr" zählt der Weinanbau in den idyllischen, blitzsauberen Dörfern entlang der

Mosel. Auf 42 Kilometern von Wasserbillig bis Schengen bildet der Fluss die Grenze zu Deutschland. Und die N 10 wird hier entlang der Weinberge zur Weinstraße, zur „Route du Vin".

Kleine, romantische Winzerorte reihen sich entlang der Mosel wie Perlen an einer Schnur: Ahn, Wormeldange, Ehnen mit dem sehenswerten Weinmuseum, Stadtbredimus und dann schließlich das lebendige Remich, viel besuchtes sonntägliches Ausflugsziel für die Luxemburger selbst.

Restaurants und Cafés säumen die Uferstraße, hier legen die Schiffe von Navitours (River Diva, Roude Léiw, Muselschëff) und die „M.S. Princesse Marie-Astrid" von Ostern bis September zu Fahrten auf der Mosel zwischen Schengen und Wasserbillig ab. Am Ufergrün südlich von Remich parken Wohnmobile, Ausflügler haben Campingstühle nach draußen gestellt, beobachten die Freizeitkapitäne auf der Mosel. „Sie ist unser einziger richtiger Fluss, deshalb zieht es viele dorthin", hatte unser Luxemburger Bekannter erläutert.

An der Mosel: Weinort Wormeldange

WEINMUSEUM EHNEN UND CRÉMANT DE LUXEMBURG

In einem Winzerhaus aus dem 18. und 19. Jahrhundert sehen die Besucher die verschiedenen Gerätschaften zum Weinanbau und der Weinzubereitung. Im Musterweinberg wachsen die Weine der Luxemburger Mosel: Elbling, Rivaner, Auxerrois, Pinot blanc, Pinot gris, Riesling und Traminer.
Prickelnde, dem Champagner ähnliche Spezialität ist der „Crémant de Luxembourg“, dessen zweite Gärung in der Flasche nach traditioneller Methode stattfindet. Überwiegend werden trockene Crémants produziert, die aus einer Rebsorte oder aus Verschnitten verschiedener Sorten stammen. Hauptabnehmer für die Crémants aus Luxemburg ist die Gastronomie in Belgien.

www.museevin.lu

1 Schlossruine: Burg Beaufort
2 Weinberge: Winzerdorf Ahn
3 Nationalstraße: Route du Vin

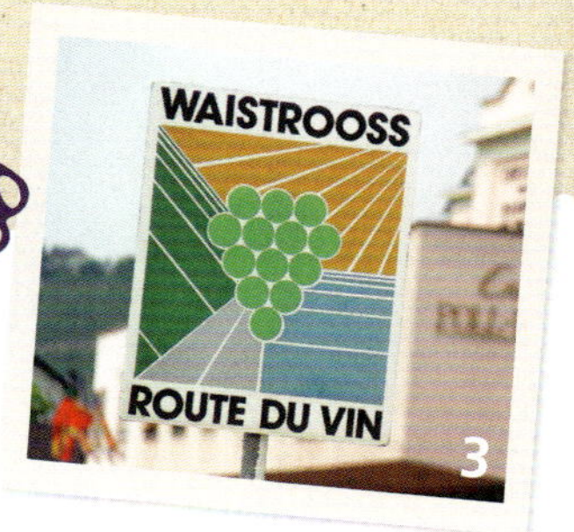

Infos

Burg Beaufort und Renaissanceschloss
Les Châteaux de Beaufort, 24, Rue du Château, L-6313 Beaufort
Tel. +352/83 66 01, www.castle-beaufort.lu
Öffnungszeiten: April–Anfang November 9–17.30 Uhr
Schlossführungen: Do–So 11 Uhr und 16 Uhr (Dauer 90 Min.)
Eintritt: Erwachsene 5 €, Kinder frei, mit Führung 10 €, Kinder 5 €

SAMSTAGAGABEND

Wir machen Station in Remich, haben in den Weinbergen über der Mosel unser Nachtquartier reserviert: Das Hotel des Vignes bietet von den Zimmern eine tolle Aussicht ins Flusstal und im Hotel-Restaurant du Pressoir genießen wir abermals Luxemburger Küche und Gastfreundschaft. Alternativ empfehlen wir das direkt am Moselufer gelegene Hotel Saint-Nicolas & Spa, in dessen Restaurant man mit Blick auf den Fluss französische Küche genießen kann.
Übrigens: Vielsprachig wachsen die fast 600.000 Einwohner des Großherzogtums auf, mit der moselfränkischen Nationalsprache „Lëtzebuergesch" sowie der deutschen, französischen und der englischen Sprache.

Übernachtungstipps

Hotel des Vignes
29, Route de Mondorf, L-5552 Remich
Tel. +352/23 69 91 49, www.hotel-vignes.lu

Hotel Saint-Nicolas & Spa
31 Esplanade, L-5533 Remich
Tel. +352/266 63, www.saint-nicolas.lu

1 Remich: Ziel der Moselschiffe
2 Nikolauspforte in Remich

SONNTAGVORMITTAG

Wie schade, dass unser Luxemburg-Ausflug sich schon bald dem Ende neigt. Doch nun fahren wir erst einmal von Remich ein paar Autominuten auf der Weinstraße (N 10) nach Süden zum kleinen Winzerdorf Schengen mit seinen knapp 500 Einwohnern, in dem große europäische Geschichte geschrieben wurde – wie wir detailliert im Europäischen Museum erfahren, das von dem Luxemburger Stararchitekten François Valentiny geplant wurde.

Am 14. Juni 1985, einem Freitag, unterzeichneten die Staatssekretäre von Deutschland, Frankreich und den drei Benelux-Ländern auf dem Ausflugsdampfer „M.S. Princesse Marie-Astrid" das Schengener Abkommen. Der Vertrag stellte die Weichen zum schrittweisen Wegfall der Pass- und Zollkontrollen sowie freien Personen- und Warenverkehr im „Schengen-Raum". Inzwischen sind etwa 30 Länder dem Abkommen beigetreten – ein Gebiet zwischen dem Nordkap und Südspanien, einschließlich der Kanarischen Inseln, Madeira, der Azoren und Malta. Im Schengen-Raum gibt es keine permanenten Grenzkontrollen mehr, was heutzutage wegen Terrorismus und der Flüchtlingsströme infrage gestellt wird.

Kleines Dorf, große Geschichte: In Schengen erinnern Stelen an die Reisefreiheit in Europa.

Infos

Europäisches Museum – Centre Europeén Schengen
6, Rue Robert Goebbels, L-5444 Schengen
Tel. +352/26 66 58 10
Öffnungszeiten: tägl. 10–18 Uhr
Eintritt: frei

Bistro An der Aler Schwemm
Tel. +352/26 66 57 39
Öffnungszeiten: tägl. 10.30–22.30 Uhr

SONNTAGNACHMITTAG

Nachdem wir uns im Bistro An der Aler Schwemm im Museum gestärkt haben, wechseln wir im Dreiländereck Luxemburg–Frankreich–Deutschland über die Moselbrücke nach Deutschland in den Weinort Perl, der letzten Station unseres grenzenlosen Wochenendes.
„Schon die alten Römer …" – die Begegnung hatten wir bereits in Echternach. In Perl unternehmen wir erneut eine Zeitreise zu den frühen Siedlern: Entlang der Mosel auf der B 419 kommen wir nach Perl-Nennig und im Ort zum – von außen unscheinbaren – Gebäude mit dem römischen Mosaik. Ein Zufallsfund! 1852 wurde das Kunstwerk aus drei Millionen einzelnen Steinchen beim Pflügen vom Bauern Peter Reuter entdeckt. Heute gilt der kostbare 161 Quadratmeter große Fund als das besterhaltene römische Mosaik nördlich der Alpen. Es war der Mittelpunkt einer römischen Villa.
Die Villa wurde nie rekonstruiert, lediglich ein paar Säulenreste sind im Grün nebenan auszumachen. Doch nur ein paar Kilometer entfernt können wir uns im Ortsteil Perl-Borg durch den Nachbau eines römischen Gutshofes ein Bild davon machen, was reichen Römern im 3. Jahrhundert im Moseltal gefiel.
So haben sie also gelebt, die alten Römer: im Herrenhaus mit dem Villenbad und inmitten ausgedehnter Gärten, die wir ebenfalls durchstreifen. Sechs verschiedene Gärten wurden nach den historischen Vorbildern nachgebaut. Was damals auf den Tisch des Hauses kam, stärkt uns heute zum Abschluss des Wochenendes vor unserer Rückfahrt ins Rheinland. Auf der Speisekarte der römischen Taverne stehen beispielsweise „Moretum" (Brotaufstrich aus Frischkäse, Knoblauch, Olivenöl und Kräutern mit Römerbrot) und „Perna et fabacia verides" (Schinkenbraten an Feigensoße mit dicken grünen Bohnen).

1 Zufallsfund: Mosaik in Perl
2 Herrenhaus: So lebten die Römer.

Infos

Römisches Mosaik

Römerstraße 11, 66706 Perl-Nennig, Tel. 06866/13 29, www.perl-mosel.de
Öffnungszeiten: April–September Di–So 8.30–12 Uhr und 13–18 Uhr, März, Oktober, November Di–So 9–11.30 Uhr und 13–16.30 Uhr
Eintritt: Erwachsene 1,50 €, Schüler 0,75 €

Archäologiepark Römische Villa mit Gärten

Im Meeswald 1, 66706 Perl-Borg, Tel. 06865/911 70
www.villa-borg.de, www.taverne-borg.de
Öffnungszeiten: April–Oktober Di–So, Feiertage 10–18 Uhr, Februar, März, November Di–So 11–16 Uhr
Eintritt: Erwachsene 5 €, Kinder 2 €, Familien 10 €

Echternach Tourist Office
9–10, Parvis de la Basilique,
L-6486 Echternach, Tel. +352/72 02 30
www.echternach-tourist.lu

Weitere touristische Angebote in Luxemburg

Schengen grenzenlos

Am Europamuseum in Schengen startet der Wanderweg, der von Luxemburg über die Moselhöhen nach Frankreich führt. Die 7,7 Kilometer lange und mittelschwere Rundstrecke verläuft durch das Naturschutzgebiet Strombierg und bietet schöne Ausblicke ins Moseltal hinüber ins saarländische Perl.

Schengen-Tourist
6, Rue Robert Goebbels, L-5444 Schengen
Tel. +352/26 66 58 10
www.schengen-tourist.lu

In 100 Minuten – 1.000 Jahre Geschichte erleben

Der Bockfelsen ist Startpunkt für den historischen Wenzel-Rundweg durch die ältesten Viertel der Hauptstadt des Großherzogtums Luxemburg. Benannt wurde die Route nach Herzog Wenzel II., der Luxemburg zwischen 1389 und 1419 regierte und wesentliche Teile der Festungsanlagen errichten ließ. „1.000 Jahre Luxemburger Geschichte in 100 Minuten" lautet das Motto des Stadtspaziergangs mit 17 Stationen. Faszinierend ist der Rundblick von dem im 17. Jahrhundert angelegten Corniche-Wall über das Alzette-Tal hinweg. Eine Bronzetafel erinnert daran, dass Altstadt und Festungsbauten 1994 in die UNESCO-Liste des Weltkulturerbes aufgenommen wurden. In Schleifen führt der Wenzel-Rundweg hinab zur Alzette, zu den Klostergärten der ehemaligen Benediktinerabtei Neumunster im Stadtteil Grund.

Anfahrt mit dem Auto
Luxemburg-Stadt, mehrere Parkhäuser im Zentrum oberhalb des Stadtteils Grund. Vom Zentrum gibt es einen Fahrstuhl hinunter zum Stadtteil Grund.

Tourismusbüro Luxemburg-Stadt
30, Place Guillaume II, L-1648 Luxemburg
Tel. +352/22 28 09, www.lcto.lu
Faltblätter und Broschüren zu Rundgängen in der Altstadt

Kirchberg – Kontrast zum alten Zentrum

Altes und Neues, Bauwerke des Mittelalters und moderne Architektur bilden für die Besucher der Stadt Luxemburg zwischen dem Stadtteil Kirchberg und den Befestigungsbauten mit den Kasematten reizvolle Kontraste. Mehr als 20.000

Menschen arbeiten in der Bürostadt, die seit den 1960er-Jahren beständig wächst. Bedeutende Bauwerke zeitgenössischer Planer sind auf einer Fläche von 365 Hektar vereint: Hermann und Valentiny etwa planten die Büros der Commerzbank, Richard Meier schuf das Verwaltungsgebäude der HypoVereinsbank Luxemburg und Gottfried Böhm die Dependance der Deutschen Bank. Beispielhaft sind Bauten europäischer Behörden: lichtdurchflutet die Europäische Investitionsbank, himmelwärts strebend die goldenen Doppeltürme des Europäischen Gerichtshofes, 24 Stockwerke aufragend (Foto unten). Dazu gesellen sich hochrangige Kunstwerke im öffentlichen Raum, beispielsweise die überdimensionale Plastik „Stuhl" der tschechischen Künstlerin Magdalena Jetelovà.

Tourismusbüro Luxemburg-Stadt
30, Place Guillaume II, L-1648 Luxemburg
Tel. +352/22 28 09, www.lcto.lu
Faltblätter und Broschüren zu Rundgängen über den Kirchberg

Rent a bike an der Mosel

Mit dem Fahrrad lässt sich das Luxemburger Moselland entdecken. Unser Tipp: Die Radroute an der deutschen Mosel-Uferseite nutzen, in Luxemburg muss man mehrere Kilometer direkt an der Straße (N 10) entlangradeln. Zehn Mietstationen „Rent a bike" gibt es in den Orten an der Luxemburger Mosel.

Tel. +352/621 21 78 08
www.rentabike-miselerland.lu

Schloss Vianden

Hoch über dem Tal der Sauer wacht Schloss Vianden. Heute wird es als eine der größten feudalen Residenzen der romanischen und gotischen Zeit bezeichnet und gilt als eines der am besten erhaltenen Schlösser westlich des Rheins.

Montée du Château, L-9408 Vianden
Tel. +352/834 10 81 oder +352/84 92 91
www.castle-vianden.lu
Öffnungszeiten: Januar, Februar, November, Dezember tägl. 10–16 Uhr, März, Oktober 10–17 Uhr, April–September 10–18 Uhr
Eintritt: Erwachsene 7 €, Kinder bis 12 Jahre 2 €, Studenten (13–25 Jahre) 4,50 €, Senioren 6 €

Musée Littéraire Victor Hugo

Viermal weilte der Schriftsteller Victor Hugo in Vianden, am längsten 1871, als er aus seinem Exil in Belgien verwiesen wurde. Im Literarischen Museum Victor Hugo kann man erfahren, wie der berühmte Roman „Der Glöckner von Notre-Dame" entstand.

Maison de Victor Hugo
37, Rue de la Gare, L-9420 Vianden
Tel. +352/26 87 40 88, www.victor-hugo.lu
Öffnungszeiten: Sommer Di–So 12–18 Uhr, Winter Di–So 11–17 Uhr, in den Ferien geschlossen
Eintritt: Erwachsene 5 €, Kinder/Jugendliche frei

The Bitter Years

umfasst mehr als 200 Dokumentarfotos über das ländliche Amerika zu Zeiten der Weltwirtschaftskrise in den 1930er-Jahren. Die Fotoschau ist heute dauerhaft im Wasserturm und Pumpenhaus in Düdelingen zu sehen.

Waassertuerm + Pomhouse
1b, Rue du Centenaire, L-3475 Dudelange
Tel. +352/522 42 41
Öffnungszeiten: 1. März–1. Januar Mi, Fr–So 12–18 Uhr, Fr 12–22 Uhr
Eintritt: Erwachsene 6 €, bis 21 Jahre frei

The Family of Man

Mit zwei Jahren musste der kleine Édouard Jean Steichen seine Heimat verlassen: Die Familie wanderte nach Amerika aus. Unter dem neuen Namen Edward Steichen (1879–1973) wurde der Luxemburger einer der bedeutendsten Fotografen des 20. Jahrhunderts weltweit. Steichen schuf 1955 im New Yorker Museum of Modern Art (MoMa) die erfolgreichste Fotoausstellung aller Zeiten: The Familiy of Man. Aus zwei Millionen eingesandten Bildern wählten er und seine Mitarbeiter 503 Motive von 273 Fotografen aus 68 Ländern aus. Über neun Millionen Besucher sahen damals die bewegende Fotoschau, gegliedert nach Themen wie Liebe, Familie, Arbeit und Tod. Danach geriet die Sammlung in Vergessenheit, kam über Umwege später zu einem festen Platz im Schloss von Clervaux. Die Sammlung zählt seit 2003 zum UNESCO-Weltdokumentenerbe. Unser Tipp: unbedingt ansehen!

Château de Clervaux
31, Montée du Château, 9701 Clervaux, Tel. +352/92 96 57
www.destination-clervaux.lu
www.steichencollections.lu
Öffnungszeiten: 1. März–1. Januar Mi–So, Feiertage 12–18 Uhr
Eintritt: Erwachsene 6 €, bis 21 Jahre frei

Die Vennbahn in Ostbelgien

Zwei Räder, drei Länder und drei Tage

Die Vennbahn ist der Star unter den Radwegen auf ehemaligen Bahntrassen. 125 Kilometer lang und damit eine der längsten Fahrradwege in Europa, leicht ansteigend und gut ausgebaut. Ein Wochenende ist zu kurz, um die gesamte Route zu erkunden. Wir haben Bütgenbach im deutschsprachigen Belgien als Startplatz gewählt. Und wandern auch über einsame Pfade in das Hohe Venn.

Anfahrt

Mit dem Auto über die A 4 Köln – Aachen oder A 46/A 44 Neuss – Aachen, A 44 Aachen – Lüttich bis Ausfahrt Aachen-Lichtenbusch/Monschau, B 258 über Roetgen, Monschau, Kalterherberg, Elsenborn bis Bütgenbach

Mit der Bahn gibt es regelmäßige Verbindungen nach Aachen, von dort mit der Buslinie 14 nach Eupen Bushof, da in die Linie 394 nach St. Vith umsteigen und bis Haltestelle Bütgenbach-Kreuzung fahren. www.infotec.be, www.belgianrail.be, www.bahn.de, www.cfl.lu, www.mobiliteit.lu

FREITAGNACHMITTAG

Auf der „Himmelsleiter“ haben wir die nordwestliche Eifel erklommen. Diesen trefflichen Beinamen trägt die Bundesstraße 258 in Roetgen, da sie Kilometer um Kilometer schnurgerade zu den Eifelhöhen in Richtung Fringshaus und Konzen ansteigt. Vorbei an Monschau und Kalterherberg fahren wir hinein ins Hohe Venn, folgen den Schildern über das belgische Dörfchen Sourbrodt bis zum höchsten Berg bei unseren Nachbarn, dem 694 Meter hohen Botrange. Eigentlich kein Berggipfel, sondern die höchste Stelle einer Hochebene.

Ein Holzsteg führt uns im Naturparkzentrum durch die Ausstellung FANIA, die einen guten Überblick über Geologie, Geschichte und die Besonderheiten des Naturreservates Hohes Venn gibt. Wir erfahren, dass die karge, raue Moor- und Heidelandschaft zwischen dem belgischen Eupen und den deutschen Orten Kalterherberg und Monschau allein in Belgien 4.500 Hektar (45 Quadratkilometer) umfasst und dort in mehrere Naturschutzzonen aufgeteilt ist. Seit 1967 gehört die Landschaft zum grenzüberschreitenden Naturpark Hohes Venn-Eifel. In den 1970er-Jahren wurde das Gebiet in vier Zonen von A bis D unterteilt: A und B kann betreten werden, der B-Bereich nur auf den Wegen. Zone C darf nur in Begleitung eines anerkannten Naturguides begangen werden. Die Zone D gilt als besonders schutzwürdig und ist für uns Menschen für alle Zeiten gesperrt.

Jahrtausendealt ist die Moorlandschaft des Hohen Venn, eines der größten Hochmoore in Europa. Sonnentau und Siebenstern, Beinbrech und Glockenheide haben sich in dem Naturreservat angesiedelt. Dazu kommt die Vogelwelt mit Waldschnepfen, Nachtschwalben und dem gefährdeten Braunkehlchen.

Mit diesen Informationen aus dem Naturparkzentrum machen wir uns auf zum Parkplatz an der Gaststätte Baraque Michel – vom Naturparkhaus über die N 68 Richtung Eupen nach wenigen

Links Die Schienen der Vennbahn
Rechts Naturzone C im Hohen Venn

1 Kapelle an der Baraque Michel
2 Kreuz der Verlobten im Venn

Kilometern erreichbar. Im 19. Jahrhundert wurde die Herberge mitten im Venn als Raststation und rettender Unterschlupf für die Wanderer errichtet. Bei Nebel oder Schneesturm wurde an der nahen Kapelle die Glocke zur Orientierung geläutet. 126 Menschen sollen einer Chronik zufolge durch das Glockenläuten gerettet worden sein.

Als wir von der Baraque Michel zur Rundwanderung aufbrechen, können wir uns kaum vorstellen, wie gefährlich das Wetter im Herbst und Winter auf dem „Dach Belgiens" sein kann – heute knallt für uns die Sonne vom Himmel, 28 Celsiusgrade meldet die Temperaturanzeige im Auto. Rucksack auf, Wanderschuhe an und ganz, ganz viel Trinkwasser mitnehmen – die Moorlandschaft flirrt vor Hitze, reflektiert die Sonnenstrahlen.

„Gar schaurig ist's, übers Moor zu gehen", diese Erkenntnis der westfälischen Dichterin Annette von Droste-Hülshoff (1797–1848) kommt uns schlagartig am „Kreuz der Verlobten" in den Sinn. Das schlichte Eichenkreuz am Wegesrand erinnert an den tragischen Tod von Marie Solheid und François Reiff, die im Januar 1871 im Blizzard erfroren, nur ein paar Hundert Meter entfernt von dem rettenden Gasthaus Baraque Michel. Nicht die Einzigen, die im Hohen Venn bei Nacht an einem der über 160 jährlichen Nebeltage oder bei einem der verheerenden Moorbrände das Leben ließen … „Das Venn verlangt seine Opfer", sagen die Einheimischen.

An diesem Nachmittag im Juli führt uns der Pfad an einigen Stellen über Holzstege durch die Vennlandschaft. Viele Kilometer sollen sie insgesamt lang sein. Nicht um uns trockenen Fußes durch den Morast zu leiten, sondern vor allem um die empfindlichen Moorpflanzen zu schützen. Moor, so hatten wir gelesen, wächst pro Jahr nur um einen Millimeter!

Ab dem 17. Jahrhundert und noch bis hinein in die 1960er-Jahre wurde von Familien im Venn Torf für den Hausbrand gestochen. Je Familie sollen es der Überlieferung nach pro Jahr 15.–20.000 Torfbriketts gewesen sein. Drei Stunden etwa müssen wir für die komplette Wanderung rechnen, dank einer gekennzeichneten Abkürzung kommen wir auf zwei Stunden und sind froh, bei den heißen Celsiusgraden unseren Startplatz an der Baraque Michel erreicht zu haben.

Wir steuern über Sourbrodt und Robertville (N 676) unser Übernachtungsziel, den Bütgenbacher Hof, an, wo wir frühzeitig Zimmer gebucht haben. Das familiär geführte Hotel mit Schwimmbad und Sauna bietet im angeschlossenen Restaurant eine gute Küche, die wir an diesem Abend genießen. Alternativ empfehlen wir das Hôtel des Bains; es liegt zwar etwas abseits der Vennbahntrasse, lockt aber auch mit sehr guter Küche.

3 Wegezeichen im Hohen Venn
4 Holzstege im Polleurvenn

3

4

Junger Fluss: die Rur bei Sourbrodt

Infos

Naturparkzentrum Botrange

Route de Botrange 131, BE-4950 Waimes
Tel. +32/80/44 03 00, www.botrange.be
Öffnungszeiten: Sommer Mo–Fr 9–18 Uhr, Sa, So, Feiertage 10–18 Uhr
Eintritt: Erwachsene 6 €, Kinder 3 €, Senioren 5 €

Baraque Michel

Baraque Michel 36, BE-4845 Jalhay
Tel. +32/80/44 48 01, www.baraquemichel.com
Der Weg, den wir gegangen sind, folgt dem Wegezeichen „Grünes Rechteck", ist zwölf Kilometer lang und führt teilweise – je nach Witterung – durch morastigen Untergrund, daher sind Wanderschuhe erforderlich.
„Wandern in Ostbelgien", so heißt eine Broschüre, die Rundwanderungen im Hohen Venn, bei Spa und im Ourthetal detailliert beschreibt. Das Heft bekommt man bei der Tourismusagentur Ostbelgien (siehe Seite 180)

Übernachtungstipps

Bütgenbacher Hof

Marktplatz 8, BE-4750 Bütgenbach
Tel. +32/80/44 42 12, www.hotelbutgenbacherhof.com

Hôtel des Bains

Haelen 2, BE-4950 Robertville
Tel. +32/80/67 95 71, www.hoteldesbains.be

SAMSTAGVORMITTAG

Gern wären wir noch geblieben, hätten das Frühstück noch ein wenig in die Länge gezogen. Aber – wir wollen radeln auf der Vennbahntrasse von Bütgenbach bis zu unserem Tagesziel Monschau. Wir haben uns für die bequeme Variante entschieden: E-Bikes – bei der Hotelbuchung im Bütgenbacher Hof gleich mitbestellt.

Breit ausgebaut ist der Vennbahn-Radweg, der seit dem Frühjahr 2013 zwischen Aachen und Troisvierges (Luxemburg) durchgehend befahrbar ist. Mit der Distanz von 125 Kilometern zählt die überwiegend asphaltierte Strecke zu den längsten Bahntrassenrouten Europas. „Es gibt ein Leben nach der Eisenbahn", freut sich Gilbert Perrin aus Brüssel, der uns ein paar Kilometer radelnd begleitet. Der pensionierte Fernsehproduzent gilt als einer der Väter der Radroute, beginnt ab 2000 mit der Planung der Strecke und überzeugt Lokal- und Landespolitiker von dem wegweisenden Projekt.

Blütenmeer: Wildnarzissen

WILDE NARZISSEN IN DEN TÄLERN VON MONSCHAU

Die Monschauer Täler von Rur, Perlen- und Fuhrtsbach sind – je nach Witterung – beginnend ab etwa Mitte April das Ziel von Blumenfreunden: Millionen wild wachsende Narzissen bieten in den beiden Waldtälern einen imposanten gelben Blütenteppich. Die Stammform der aus Parks und Gärten bekannten Osterglocken ist etwas kleiner und wächst in Deutschland nur bei Monschau und darüber hinaus auch im Hunsrück. Die Bachtäler wurden 1976 unter Naturschutz gestellt, sie zählen nach Expertenmeinung zu den besonders wertvollen Naturschutzzonen in Nordrhein-Westfalen. Zugang bei Monschau-Höfen von den ausgeschilderten Parkplätzen: Nationalpark-Tor Höfen, Rothe Kreuz und Zum Brüchelchen (nahe Bundesstraße 258 Monschau-Schleiden).

www.monschau.de

Abschnitt für Abschnitt entsteht die autofreie Verbindung. Perrin erinnert sich: „Es war wie ein Puzzle, das zusammengefügt wurde und heute die Vennbahn-Route durch drei Länder ergibt."
Munter schnurren unsere E-Bikes auf der ehemaligen Bahntrasse. Warnschilder mahnen an den wenigen Straßenkreuzungen zu besonderer Vorsicht. Vorsichtig sein müssen wir allerdings auch bei den vielen Rennradlern, die auf der Vennbahn in rasantem Tempo über Weywertz und Sourbrodt in Richtung Monschau unterwegs sind.

FAHRRADDRAISINEN

Railbike ist seit 2004 eine Tour für Touristen mit Fahrraddraisinen auf dem sieben Kilometer langen Teilstück der Vennbahn zwischen Leykaul-Kalterherberg und Sourbrodt. Abfahrten in Leykaul von Ende März bis November, im Juli und August täglich 11, 13.30 und 15.45 Uhr. In Sourbrodt werden die Railbikes zur Rückfahrt umgedreht. Die gesamte Tour dauert rund zwei Stunden.

www.railbike.be/de

1 Radler am Bahnhof von Sourbrodt
2 Die Rur im Hohen Venn

Wir lassen es jedoch langsam angehen und genießen die Ruhe an der Rur nahe Sourbrodt, wo im Frühjahr in den Auen seltene Wildnarzissen blühen.
Mittagspause im Weiler Leykaul unterhalb von Kalterherberg. Reichhaltig sind die Lunchpakete aus dem Hotel, die wir am „Railbike-Bahnhof" auspacken.

SAMSTAGNACHMITTAG

Auf geht's nach der Pause in Richtung Monschau auf der Vennbahntrasse, da wir uns um 15 Uhr zur kulinarischen Stadtführung in Monschau verabredet haben. „Monschau zum Anbeißen" nennen sie dort die knapp zweistündige Tour. Wir treffen am Gerberplatz vor dem Tourismusbüro auf Stadtkenner Ottmar Gillessen.

Kaffeeduft zieht durch die enge Stadtstraße.

„Die Maaßens haben gerade wieder frisch geröstet", erläutert uns Ottmar Gillessen. Durch die niedrige Tür des alten Hauses mit der grauen Schieferfassade geht es hinab in die Kaffeemanufaktur der Brüder Peter und Werner Maaßen.

„Kaffee rösten wir erst wieder seit dem Jahr 2004. Damit setzen wir unsere Familientradition fort", erzählt uns Werner Maaßen, mit 50 Jahren der ältere der beiden Maaßen-Brüder. Bereits ab 1862 existierte die Caffee-Rösterei Wilhelm Maassen, mit der Unterbrechung von 1949 bis 2004. Werner Maaßen erinnert sich: „Bei einer Italienreise im Jahr 2003 kam die Idee zur Kaffeerösterei auf."

1 Stadtkenner:
Ottmar Gillessen
2 Scharf bis mild:
Senf aus Monschau
3 Duftend:
Kaffeerösterei Maassen

1 Monschau: ein Schmuckstück
2 Elke Klein: Spezialität Dütchen

Probieren, riechen und schmecken – ganz nach dem Motto des Rundgangs „Monschau zum Anbeißen". Auf zur nächsten Station, gleich nebenan und nur eine Haustüre weiter, hinein in die Senfonie. In dem Laden werden 21 verschiedene Sorten Senf angeboten, vom klassischen extrascharfen, über Senf etwa mit Chili, Knoblauch, Feige und Riesling reichen die Varianten. Selbstverständlich gibt es in der Senfonie auch eine Kostprobe von zuckersüßem Senf.

„Die Senfonie ist die Außenstelle der historischen Monschauer Senfmühle", sagt uns Gästeführer Gillessen und erzählt deren Geschichte. Die Mühle entstand vor weit mehr als 100 Jahren und wird heute von Guido Breuer und seiner Tochter Ruth in der vierten und fünften Generation weitergeführt. Wie einst produzieren die Breuers in ihrer Mühlenmanufaktur auch heute noch den Senf, den Moutarde de Montjoie.

Übers holprige Pflaster der engen Gassen führt uns die süße Tour zum Roten Haus, dem bedeutendsten Bauwerk Monschaus. Ab 1752 ließ der Tuchfabrikant Johann Heinrich Scheibler das mächtige Patrizierhaus erbauen. Ein Schmuckstück und das Wahrzeichen von Monschau, vor allem wegen des erhaltenen kostbaren Interieurs.

Zierliches Porzellan, elegante Möbel und feines Schnitzwerk legen ein Zeugnis vom Wohlstand des Tuchmachers ab. Von unschätzbarem Wert ist die über drei Etagen reichende freitragende, spiralförmige Treppe. Schnitzfiguren am Geländer stellen in 21 Szenen die Arbeit der Tuchmacher dar, vom Waschen der Wolle bis zum Transport des fertigen Tuches. Besucher können das Rote Haus von April bis November besichtigen.

„Monschau und Scheibler gehören untrennbar zusammen", sagt Ottmar Gillessen. Als junger Mann heiratete Scheibler nicht nur die verwitwete Tochter seines Lehrherrn, sondern hatte 1730 wohl die gewinnbringenste Idee seines Lebens: Er importierte aus Spanien feine Merinowolle, färbte sie und konnte mit den Wettbewerbern aus England und Frankreich konkurrieren. Zeitweise habe Scheibler bis zu 6.000 Menschen beschäftigt, so Gillessen.

Nach der Zeitreise in die Vergangenheit erwartet uns Elke Klein in ihrem Café am Roten Haus mit einer weiteren süßen Schleckerei – den Monschauer Dütchen. Die Konditormeisterin erläutert: „Dütchen erinnern in ihrer Form an kleine Tüten. Der hauchdünne Biskuitteig wird auf dem Blech gebacken, dann mit der Hand geformt und zum Erkalten in einem Holzgestell fixiert." Frau Breuer, eine Monschauer Hausfrau, habe die Dütchen der Überlieferung nach zum ersten Mal um 1850 für ihre Familie gebacken.

Ursprünglich nur mit Sahne gefüllt werden die Eiswaffeln ähnelnden Dütchen heute auch mit einer Kugel Eis und saisonalen frischen Früchten, wie etwa Erdbeeren, Kiwis oder Himbeeren, und einem Klecks Sahne zur Kaffeestunde serviert.

Gut gestärkt nach all den Monschauer Köstlichkeiten verabschieden wir uns von Ottmar Gillessen und starten zurück nach Bütgenbach. Aus dem engen Monschauer Rurtal führt der gut gekennzeichnete Anschlussweg hinauf zur Vennbahntrasse – das bedeutet viel Arbeit für unsere E-Bikes!

Und dann rollen wir zurück bis Bütgenbach, treffen rechtzeitig zum abendlichen Dinner im Hotel ein – mit vielen Eindrücken von unserer Tagestour.

125 KILOMETER – DREI TAGESETAPPEN

Auf der Vennbahn sind die meisten Radwanderer in drei Tagesetappen zwischen 49 und 32 Kilometern von Aachen über Belgien bis nach Luxemburg unterwegs: Aachen – Monschau, Monschau – Sankt Vith und Sankt Vith – Troisvierges. Um zwei Prozent beträgt die durchschnittliche Steigung der Route ab Aachen. Kurze Teilstücke haben drei bis zehn Prozent Steigung. Der stetige Anstieg wird bequem per E-Bike überwunden. Neun Verleihstationen gibt es an der Route. Die Rückreise erfolgt ab Troisvierges nach Lüttich über Gouvy oder ab Lüttich-Guillemins mit dem Regionalzug über Walkenraedt nach Aachen.

„Im Sommer ist Hochsaison, vor allem an den Wochenenden sollten Übernachtungen vorab gebucht werden", rät Dany Heck, Vennbahn-Projektleiter der Tourismusagentur Ostbelgien in Sankt Vith.

www.vennbahn.eu

Radwanderer auf der Vennbahn

Infos

Monschau zum Anbeißen

Monschau Touristik, Stadtstraße 16, 52156 Monschau

Tel. 02472/804 80, www.monschau.de

Kosten: Erwachsene 6 €, Kinder bis 12 Jahre 3 €, Dauer: 90 Min.

SONNTAGVORMITTAG

Noch einmal satteln wir unsere Drahtesel, wir fahren heute südwärts auf der Vennbahntrasse über Sankt Vith bis Burg-Reuland – eine landschaftlich reizvolle Route durch die belgischen Ostkantone.
Vorüber an Faymonville, Waimes und Ondenval kommen wir nach Montenau. Wir können es nicht übersehen: Direkt an der Radroute dreht sich alles um den Original Ardenner Schinken. Leider hat die Montenauer Schinkenräucherei sonntags geschlossen, sodass wir keinen Blick in die „Produktion" werfen können. Schade! Aber zum Trost lassen wir uns zur Mittagszeit in der benachbarten Brasserie Terminus die Schinkenbrote schmecken.
Gut gestärkt rollen wir weiter nach Süden, kommen durch Born mit dem riesigen 90 Jahre alten wuchtigen Viadukt, passieren die kaum noch erkennbaren Relikte des Eisenbahnzeitalters – die Ummauerung einer Drehscheibe – und strampeln über Sankt Vith weiter in Richtung Burg-Reuland, unserem Ziel.

BELGISCHE OSTKANTONE
Das Land um St. Vith, Bütgenbach, Eupen und Malmedy ist die Heimat der deutschsprachigen Gemeinschaft. Rund 80.000 Einwohner leben in der Region. 1815 kamen die sogenannten Ostkantone zu Preußen, 1919 zu Belgien, 1940 ins „Deutsche Reich", seit 1945 sind sie belgisch. Die deutschsprachige Gemeinschaft ist in Belgien der Flämischen und Wallonischen Gemeinschaft gleichgestellt. Es gibt in der Hauptstadt Eupen ein eigenes, direkt gewähltes Regionalparlament, eine eigene Regionalregierung, einen eigenen Rundfunksender und die eigene Tageszeitung „Grenz-Echo".
www.eastbelgium.com

Infos

Brasserie Terminus
Am Bahnhof 28, BE-4770 Montenau
Tel. +32/80/34 13 44, www.terminus-montenau.be
Öffnungszeiten: Mo, Do–Sa ab 11 Uhr, So ab 10 Uhr

SONNTAGNACHMITTAG

Düster wird's auf den 120 Metern im Tunnel von Lommersweiler. Um das Jahr 1900 war hier ein bedeutender Bahnknotenpunkt, mittlerweile ist es nur ein einsamer Flecken mit wenigen Häusern. Die Vennbahn hatte hier den Abzweig nach Bleialf und Prüm – heute zweigen dort die Radler auf den Eifel-Ardennen-Radweg ab.

RADWEGE EIFEL-OSTBELGIEN

„Radmagazin – Die Radwege in Eifel und Ostbelgien auf einen Blick", so heißt eine Broschüre mit Faltkarte, die eine gute Übersicht mit vielen Informationen über alle gekennzeichneten Radrouten gibt. So führt der Eifel-Ardennen-Radweg über 37 Kilometer von St. Vith bis Prüm.

www.eifel.info

Geschafft! Unser Ziel Burg-Reuland ist erreicht. Das Dorf mit seinen engen, verwinkelten Gassen wurde nach den Herren Ruland benannt, die hier im 10. Jahrhundert über dem engen Tal der Ulf eine Festung errichten ließen. Viel ist nicht geblieben davon – ab 1794 konnten die Bewohner die Burg als Steinbruch nutzen. Erst um 1900 wurde die einst so stolze Anlage wieder hergerichtet.

Für uns neigt sich der – sportlich-lukullische – Ausflug in die Eifel und Ardennen dem Ende entgegen. Aber erst mal heißt es, warten – aufs Fahrradtaxi von Daniel Feyen. Gut zu tun hat er im Sommer, seit er zusammen mit seiner Schwester das Fahrradtaxi startete. „An den Brückentagen und im August bis hinein in den Oktober brummt das Geschäft. Deshalb: rechtzeitig vorbestellen!", rät uns Feyen, packt die E-Bikes in den Fahrradbus und bringt uns nach Bütgenbach zum Hotel. Von dort fahren wir zurück: mal rein ins Rheinland!

1 Düster: Eisenbahntunnel Lommersweiler
2 Rostig: Gleise der Vennbahn

Infos

Feyen Taxi Express
Alter Römerweg 12, BE-4770 Meyerode/Amel
Tel. +32/80/34 93 02 oder +32/80/34 90 87
www.taxi-feyen.com

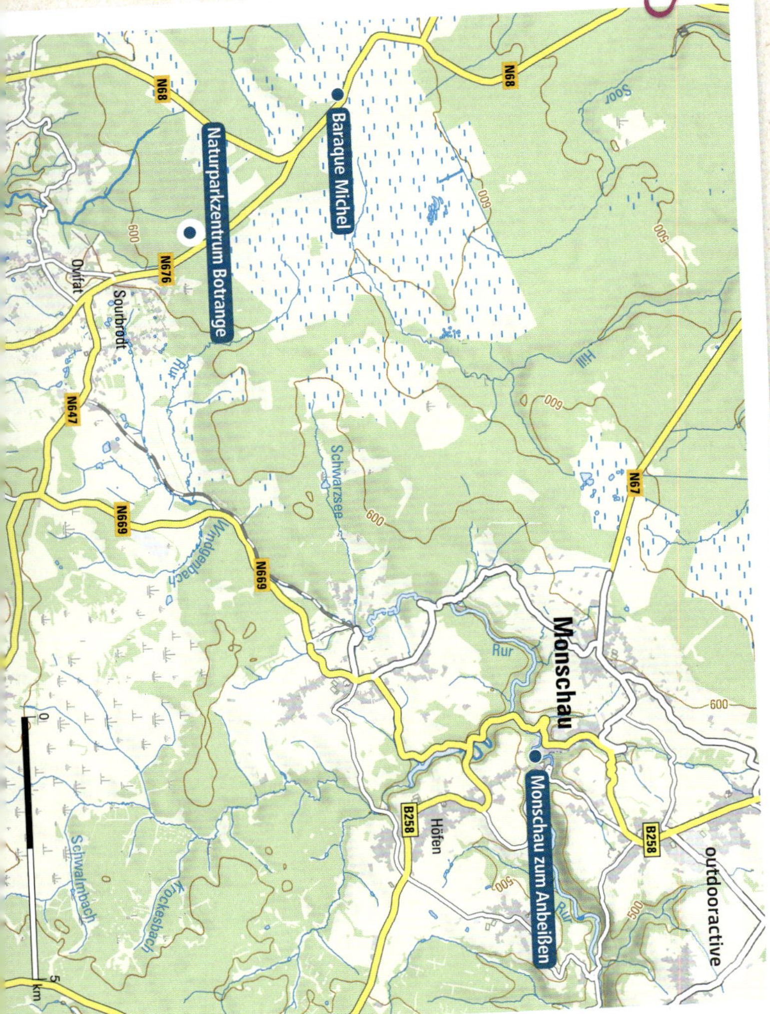

Tourismusagentur Ostbelgien
Hauptstraße 54, BE-4780 Sankt Vith
Tel. +32/80/22 76 64
www.eastbelgium.com
www.vennbahn.eu

Weitere touristische Angebote im Hohen Venn

Wandern am wilden Fluss

Steil windet sich der Pfad von der Ferme Libert am wilden Fluss entlang. In vielen Windungen verläuft die Route durch die enge Schlucht; einige Stellen des Weges sind durch Stahlseile abgesichert. Die neun Kilometer lange Rundstrecke (Gehzeit etwa drei Stunden) ist eine der zahlreichen gekennzeichneten Routen in den Ardennen – und sicherlich eine der urtümlichsten.

Tourismusagentur Ostbelgien
Hauptstraße 54, BE-4780 Sankt Vith
Tel. +32/80/22 76 64
www.eastbelgium.com

Eifel-Blicke: Schöne Aussichten und Rastplätze

Über 40 Aussichtspunkte in der Nordeifel sind die Eifel-Blicke: Vom Hemgenberg (244 Meter über N. N.) bei Kreuzau-Winden im Norden bis zum südlichen Kalvarienberg (515 Meter) bei Blankenheim-Alendorf reicht die Auswahl der fantastischen Weitsichten ins Land. Alle Eifel-Blicke liegen an örtlichen Wanderwegen oder in der Nähe von Radrouten. Panoramatafeln erklären die Ausblicke, die Eifel-Sitze laden zur Rast ein.

Naturpark Nordeifel e. V. – Geschäftsstelle NRW
Bahnhofstraße 16, 53947 Nettersheim
Tel. 02486/91 11 17
www.naturpark-eifel.de
www.eifel-blicke.de

Aachener Dom

Ab dem Jahr 786 Baubeginn der achteckigen, karolingischen Pfalzkapelle mit dem Karlsschrein aus dem Jahr 1215. Der sich anschließende gotische Chor des Domes entstand zwischen 1355 und 1414. Der Dom ist die Bischofskirche des Bistums Aachen, Patronin ist die Hl. Maria. Der Kaiserdom wurde 1978 als erstes deutsches Denkmal in die Liste des UNESCO-Weltkulturerbes aufgenommen.

Klosterplatz 2, 52062 Aachen
Tel. 0241/47 70 91 10 (Domkapitel)
Öffnungszeiten: Januar–März tägl. 7–18 Uhr, April–Dezember tägl.

7–19 Uhr (keine Besichtigung während der Gottesdienste) www.aachendom.de

Burg Reinhardstein

Auf steilem Felsvorsprung wacht die stolze Burg über das Tal der Warche in der Vennlandschaft. Das frühmittelalterliche Bauwerk, erstmals 1354 erwähnt, zählt zu den bedeutendsten historischen Bauten in Ostbelgien. 1812 wurde die Burg verkauft, war unbewohnt und verfiel im Laufe der Zeit. 1965 wurde die Ruine zu neuem Leben erweckt und innerhalb von drei Jahren restauriert. Die Burg ist nur zu Fuß vom Parkplatz in 550 Meter Entfernung aus erreichbar.

Chemin du Cheneux 50, BE-4950 Ovifat
Tel. +32/80/44 68 68
www.reinhardstein.net
Führungen: Sa, So stündlich zwischen 11 Uhr und 16 Uhr (Dauer etwa 75 Min.)
Eintritt: Erwachsene 8,50 €, Kinder/Jugendliche/Senioren 6,50 €

Unterirdischer Bunker – Ausweichsitz NRW

Die Eifel steckt voller Geheimnisse. Eines der besonders bewahrten war der geheime Standort des ab 1962 in der Nähe von Kloster Steinfeld errichteten unterirdischen Bunkers, den die NRW-Landesregierung im Falle eines Atomkrieges aufsuchen wollte. Das ist Vergangenheit: 1993 wurde die Anlage mit ihren 100 Räumen aufgegeben, heute kann man die Bauten (in Privatbesitz) besichtigen und gelangt über Treppen bei kühlen 7 Grad in die Zeit des Kalten Krieges.

Am Gillesbach 1, 53925 Kall-Urft
Tel. 02441/77 51 71
www.ausweichsitz-nrw.de
Führung: Sa 16 Uhr, vorherige Anmeldung erforderlich, Dauer etwa 2 Stunden
Eintritt: Erwachsene 10 €, Kinder 5 €

ArsKrippana

Die größte Krippenkunstausstellung Europas befindet sich direkt an der deutsch-belgischen Grenze und zeigt Landschaftskrippen, mechanische Krippen und eine Außenkrippe mit lebenden Tieren.

Prümer Straße 55, 53940 Losheim/Eifel
Tel. 06557/92 06 30
www.arskrippana.net
www.ardenner-center.net
Öffnungszeiten: Di–So, Feiertage 10–18 Uhr
Eintritt: Erwachsene 7,50 €, Kinder 4 €

Tempo an der Therme

Das traditionsreiche Kurbad Spa in den belgischen Ardennen liegt meistens im Dornröschenschlaf. Doch einmal im Jahr erwacht die Kleinstadt zum Leben. Dann gastiert der Formel-1-Zirkus auf der Rennpiste im nahen Spa-Francorchamps. Badegäste schätzen die im April 2004 eröffnete großzügige Thermenlandschaft mit Whirlpools, rauschenden Fontänen, Außenbecken und Sprudeldüsen. 32 Grad warm sprudelt die Clementine-Quelle, eine von 300 Quellen in Spa und Umgebung. In der Therme erinnern heute 150 Jahre alte Kupferbadewannen aus dem ehemaligen Kurhaus an die große Vergangenheit und Tradition des Heilbades. Im 18. und 19. Jahrhundert reisten Kaiser und Könige, Dichter und Denker, Komtessen und Komponisten zur Badekur nach Spa, um Rheuma und Gicht zu lindern. Sie alle waren Gäste in Spa: König Leopold II. von Belgien, die Komponisten Jacques Offenbach, Charles Gounod und Giacomo Meyerbeer, Victor Hugo und Albert Einstein, Zar Peter der Große von Russland, Königin Marie-Henriette von Belgien, König Gustav III. von Schweden. Das Spielkasino gilt als das älteste weltweit. Rund 200.000 Zuschauer kommen zum Formel-1-Rennen an die sieben Kilometer lange Rennpiste (Termin meistens im August). Dann herrscht für ein paar Tage der Ausnahmezustand in und rund um Spa. Die „Ardennen-Achterbahn" mit den anspruchsvollen Kurven, Steigungen und Gefällen ist untrennbar verbunden mit der kometenhaften Karriere von Michael Schumacher: 1991 war hier dessen erster Start in der Formel 1, nur ein Jahr später konnte der Kerpener auf Benetton-Ford in Spa bereits seinen ersten Grand-Prix-Sieg feiern.

Office du Tourisme de Spa
Rue du Marché 1A, BE-4900 Spa
Tel. +32/87/79 53 53
www.spatourisme.be
www.thermesdespa.com

Maastricht und Süd-Limburg

Wo Wein wächst und André Rieu musiziert

Lebendig und lebensfroh, an Wochenenden so manches Mal übervoll – Maastricht im Süden der Niederlande versprüht französisches Flair. Maastricht erleben wir als Einkaufsstadt und Startplatz für Touren nach Belgien zum Schloss Alden Biesen, nach Hasselt, ins Jekertal mit Weingärten und zum 323 Meter hohen Vaalserberg, dem höchsten Punkt der Niederlande.

Anfahrt

Mit dem Auto über die A 4 oder A 46/A 44 Richtung Aachen – Heerlen, A 76 Richtung Antwerpen, A 79 Richtung Valkenburg und Maastricht; alternativ: A 52 Mönchengladbach – Roermond, A 73/A 2 nach Maastricht

Mit der Bahn gibt es regelmäßige Verbindungen über Liège-Guillemins (Lüttich, BE) und Aachen nach Maastricht.
www.bahn.de, www.busse-und-bahnen.nrw.de, www.ns.nl

FREITAGNACHMITTAG

Auf dem Weg vom Rheinland nach Maastricht, eine der ältesten Städte unseres Nachbarlandes, biegen wir dieses Mal vorher ab von der Autobahn A 4, Aachen – Heerlen. Ab der Ausfahrt Aachen-Laurensberg kommen wir auf der Kohlscheider Straße an Uni-Gebäuden sowie am Aachener Klinikum vorüber und orientieren uns an der Beschilderung ins niederländische Vaals. Einst war der Grenzort beliebtes Einkaufsziel der Deutschen. Das hat etwas nachgelassen – die gestiegenen Preise bei unseren Nachbarn sind wohl die Ursache. Dennoch: In den lokalen Supermärkten links und rechts der Maastrichterlaan brummt das Geschäft. Am Ortsrand von Vaals biegen wir links ab und besuchen das Dreiländereck. Deutschland, die Niederlande und Belgien stoßen auf dem Gipfel am „Drielandenpunt" zusammen.
Hier ist Holland – pardon: sind die Niederlande mit der Provinz Zuid-Limburg – am allerhöchsten: 322,7 Meter ragt der Vaalserberg empor, es ist die höchste Erhebung des europäischen Teils der Niederlande und, natürlich ganz klar, ein viel besuchtes Ausflugsziel für unsere Nachbarn im Westen. Schließlich liegt ein Großteil der „niederen Lande" unter dem Meeresspiegel. Die tiefste Stelle befindet sich übrigens mit – 6,74 Metern in Nieuwerkerk an der Ijssel zwischen Rotterdam und Gouda.
Uns ist es zu rummelig auf der Höhe und so fahren wir weiter auf schmalen Landstraßen durch das anmutige, sanfte Hügelland der niederländischen Provinz Süd-Limburg (Zuid-Limburg). Ein Landstrich, der liebevoll den Beinamen „kleine niederländische Schweiz" trägt. Landhotels, Campingplätze, Bungalowparks und Bauernhofpensionen säumen unsere Fahrtstrecke durch die idyllischen Flecken Epen, Heijenrath, Slenaken, Noorbeek und Mheer, die entlang der Mergelland-Route liegen.
Diese touristische, ausgeschilderte Autostrecke führt über 130 Kilometer ab Maastricht durch das hügelige Mergelland (oder „Heuvelland" =

Links Elegant: Schloss Nercanne
Rechts Holland-Hoch: Vaalserberg

Hügelland genannt) von Süd-Limburg. Der Name weist hin auf den Boden, aus dem schon seit langer Zeit Kalkstein abgebaut wird und auf dem Wein wächst.
Nach vielen Kurven, kurzem Bergauf und Bergab, auf schmalen Sträßchen erreichen wir in Eijsden die Autobahn A 2/E 26 (Lüttich/Liège – Maastricht), um die wenigen Kilometer nach Norden bis Maastricht zu fahren.

EINE WASSERMÜHLE, DIE WIE EIN SCHLOSS AUSSIEHT

Zehn Kilometer südlich von Maastricht mitten im Grünen liegt bei Eijsden im Dörfchen Mesch dieses Refugium mit mehreren Ferienwohnungen. Die Mühle steht unter Denkmalschutz, hat einen wunderschönen Innenhof und bietet sich als Quartier an, wenn man länger als nur ein Wochenende in Maastricht und Süd-Limburg bleiben möchte.

www.meschermolen.nl

Wassermühle De Meschermolen

Wiesen, Waldreihen: hügeliges Mergelland

FREITAGAGABEND

Stadt am Fluss: Maastricht

Maastricht wir kommen! Ausfahrt Centrum/ Hasselt: Großzügig wurde die Abfahrt ausgebaut, um Staus vor allem am Samstagmorgen beim Einkaufstourismus zu vermeiden. Die Noorderbrug führt uns über die Maas, nächste Ausfahrt rechts ab in Richtung Zentrum über die Boschstraat in die Kleine Gracht, wo wir unser Zimmer im Hotel Mabi reserviert haben. Das hat mehrere gute Gründe – das Haus ist cool und modern, genau unser Stil. Es liegt in einer Seitenstraße nur gute 100 Meter vom Marktplatz mit dem Rathaus entfernt. Wer dort übernachtet, bekommt einen günstigeren 24-Stunden-Tarif für die nahe Parkgarage Bassin und das Parkhaus De Griend auf der anderen Maas-Seite, 15 Gehminuten entfernt. Alternativ empfehlen wir das luxuriöse Kruisherenhotel; das in gotischer Bauweise errichtete Kloster aus dem 15. Jahrhundert ist heute eines der führenden Designhotels in Europa. Auch wenn Sie dort nicht übernachten – werfen Sie einfach mal einen kurzen Blick in die Hotelhalle.

Unser Rat: Fahren Sie mit dem Wagen auf jeden Fall in ein Parkhaus oder eine Parkgarage, halten Sie dann bei den Preisen kurz die Luft an. Einen kostenlosen Parkplatz an der Straße werden Sie in Maastrichts Innenstadt nicht finden. Stadtväter und Polizei sind auch gegenüber Touristen gnadenlos; es wird aufgeschrieben und auch abgeschleppt!

Vor unserem Wochenende hatten wir bereits gelesen: Maastricht hat rund 122.500 Einwohner, gut zehn Prozent davon sind Studenten. Es gibt 52 Kirchen, über 1.400 Bauwerke unter Denkmalschutz und mehr als 300 Restaurants, Cafés und Kneipen mit (angeblich) 200 verschiedenen Biersorten – Maastricht ist die kulinarische Hauptstadt der Niederlande.

Wohin also zum Dinner am Freitagabend? Wir folgen dem Rat guter Bekannter und haben einen Tisch im Restaurant Rantrée, direkt am Maasufer gelegen, reserviert. Vom Hotel aus sind es nur ein paar Schritte bis dorthin, wo Chefkoch Ralph Hermans mit seiner Mannschaft hochwertige, kreative Speisen auf die Tische bringt. Nicht ganz preiswert, dafür sehr gut und leicht, darüber hinaus von einem fröhlichen Service aufgetragen, was uns den Abend verschönt.

BASSIN DER MAAS

Ebenfalls nur ein paar Minuten Fußweg vom Hotel entfernt liegt der historische Binnenhafen Bassin. Früher wurden hier Frachtschiffe mit Porzellanwaren beladen. Heute ist das Bassin mit restaurierten Lagerhäusern der Sportboothafen von Maastricht mit mehreren Restaurants und Cafés, die im Sommer ihre Terrassen am Wasser öffnen. Im Les Trois Seaux kommen zum Beispiel Liebhaber von Fischgerichten auf ihre Kosten. Dort sollten Sie Fish and Chips probieren! Das Dock Five ist eine quirlige Gastrobar mit günstigen Gerichten, bei der Sie unbedingt vorher einen Tisch reservieren sollten. Und im Allo Allo, einem Keller-Bistro, gibt es bodenständige Küche zu bezahlbaren Preisen, wie etwa Schnitzel XXL oder Sauerfleisch mit Pommes frites.

www.tbassin.nl

1 Extravagant: das Kruisherenhotel

2 Zentrumnah: das Hotel Mabi

Infos

Restaurant Rantrée

Kesselkade 59, NL-6211 EN Maastricht

Tel. +31/43/321 51 40, www.rantree.nl

Übernachtungstipps

Hotel Mabi

Kleine Gracht 24, NL-6211 CB Maastricht

Tel. +31/43/351 44 44, www.hotelmabi.nl

Kruisherenhotel

Kruisherengang 19–23, NL-6211 NW Maastricht

Tel. +31/43/329 20 20, www.oostwegelcollection.nl/kruisherenhotel-maastricht

SAMSTAGVORMITTAG

Im Tourismusbüro VVV (siehe Seite 200) haben wir uns mit einem Schwung Broschüren, Faltblättern und dem Stadtplan in deutscher Sprache eingedeckt. Wir erfahren darin gleich: Maastricht lässt sich nicht an einem Tag erkunden! Ganz klar, dass wir an unserem Wochenende nur ein paar Punkte zielbewusst ansteuern können. Und dabei eintauchen in die Geschichte der Stadt, die vor rund 2.000 Jahren beginnt. Die Römer vertrieben damals die Kelten und bauten eine Brücke über die Maas. Maastrichts Name stammt aus jener Zeit, wird abgeleitet vom Lateinischen Mosae Trajectum, dem „Durchgang über die Maas".

Wechselvoll sind die Jahrhunderte – ab 1579 wird die Stadt 21-mal belagert, ist immer wieder Zankapfel zwischen holländischen, spanischen und französischen Feldherren, Fürsten, Königen und Kaisern. Als die Belgier im 19. Jahrhundert rebellieren und sich von der Oranje-Krone lossagen, wird Maastricht niederländisch. Alle Herrscher hinterlassen ihre Spuren in der südlichsten Großstadt unseres Nachbarlandes, die wie kaum eine andere Stadt europäisches Flair versprüht – französische Küche, rheinische Lebenslust, burgundische Lebensart.

Mitten in Europa gilt Maastricht als Geburtsstätte der Euro-Währung, die seit dem 1. Januar 2002 schrittweise eingeführt wurde – und noch wird. Im Provinzhaus trafen am 9. und 10. Dezember 1991 die Staats- und Regierungschefs der Europäischen Gemeinschaft zusammen und rangen um das „Maastricht II"-Abkommen, mit dem das Einheitsgeld € beschlossen wurde. Bereits 1992 wurde im Provinzhaus der Vertrag von Maastricht als Basis der Europäischen Union (EU) unterzeichnet.

Jede Menge alte und auch neuere Geschichte, die wir auf unserem „Stadtspaziergang durch die historische Innenstadt" (Faltblatt gibt's beim VVV) erleben können. Etwa drei Kilometer lang ist der Rundweg mit diesen Höhepunkten: Onze Lieve Vrouwebasiliek (Liebfrauenbasilika) mit den beiden Rundtürmen, bereits vor dem Jahr

Doppeltürme: Liebfrauenbasilika

1000 errichtet. Hunderte Kerzen flackern vor dem Altar mit der Marienfigur, dem Stern des Meeres – Menschen halten hier inne und beten, still und voller Andacht, abseits des hektischen Treibens in den nahen Einkaufsstraßen.
Nur ein paar Schritte weiter steigen wir die Stufen hoch auf die Stadtmauer, ab 1229 errichtet, und kommen zur Helpoort (Höllenpforte), das als ältestes Stadttor der Niederlande gilt.
Kreuz und quer durch die schmalen Gassen des Jekerkwartier führt uns der Rundgang. Abseits der am Samstagvormittag so belebten Einkaufsmeile ist es hier im ältesten Stadtviertel mit seinen Kunstgeschäften und Galerien geradezu ruhig und beschaulich. Im verwunschenen Viertel, dem Quartier Latin, zwischen dem Zentrum und der Musikhochschule finden sich auch rund 20 noble Restaurants verschiedener Preisklassen. Unser Tipp am Rande: Fallen Sie nicht auf das Einheitsangebot einiger auf den Massentourismus ausgerichteter Gaststätten am Vrijthof herein, sondern streifen Sie durchs Jekerkwartier oder gehen Sie zum Bassin.
Ein paar Schritte aufwärts zum Henric van Veldekeplein und wir stehen vor den beeindruckenden Kirchenzwilligen, der gotischen Sint Janskerk (Johanneskirche) mit ihrem 70 Meter hohen, roten Turm und der romanischen Sankt-Servatius-Basilika mit dem Grab des St. Servatius, dem ersten Bischof Maastrichts und Schutzpatron der Stadt. Zwischen den beiden Gotteshäusern öffnet sich für uns der Treppenabgang zu einem der wohl größten Plätze der Stadt, dem Vrijthof (Friedhof). Gesäumt von der Hauptwache aus dem 18. Jahrhundert, dem kulturgeschichtlichen Museum aan het Vrijthof, der Restaurant- und Kneipenzeile an der Ostseite, untergraben von einer Parkgarage, wird der Vrijthof im Juli zur riesigen Bühne für Maastrichts bekanntesten Musiker, André Rieu. Seit 2005 musiziert der gebürtige Maastrichter mit seinem Johann-Strauss-Orchester Open Air auf dem Platz; 2016 gab es sieben Konzerte vor jeweils 10.000 begeisterten Zuhörern. Breit gefächert ist das musikalische Programm – von der beschwingten Klassik der Wiener Walzer und Operettenmelodien bis hin zu Pop- und Rockklängen. Rieu hat es nach den Konzerten nicht sehr weit bis nach Hause. Der Walzerkönig wohnt mit seiner Familie am Stadtrand von Maastricht im hübschen Privatschlösschen „De Torentjes" aus dem 16. Jahrhundert.
Bevor wir unseren Stadtspaziergang beenden, besuchen wir am Rand des Vrijthof die Dominikanerkirche aus dem 13. Jahrhundert. Keine Kirche mehr,

1

2

3

BONNEFANTENMUSEUM
Das Museum zeigt alte niederländische Meister und zeitgenössische Kunst in einem spektakulären Bauwerk, entworfen vom italienischen Architektenstar Aldo Rossi.
www.bonnefanten.nl

sondern eine riesige Buchhandlung mit 40.000 Büchern auf drei Etagen, einem schicken Café-Bistro und den aktuellen deutschen Tageszeitungen: schmökern hinter gotischen Fenstern!
Das Buchhandels-Bistro hätte uns beinahe zur Mittagspause gelockt, doch wir machen es an diesem Samstag kultig – goldgelbe Frietjes (Pommes frites) in der Tüte direkt von der Bude! Nicht irgendeiner, sondern gegenüber dem Rathaus von der Friture Reitz, einem Familienbetrieb seit 1909. Stolz sind sie auf ihre Tradition, sollen die ältesten Frittenbäcker der Niederlande sein. Und machen die besten Kartoffelstäbchen in der Stadt, was die lange Warteschlange an diesem Mittag wohl beweist. Gleich nebenan hat sich ein amerikanischer Burger-Brater eingemietet – ziemlich mutig, finden wir.

1 Lebendig: die Geschäftsstraßen
2 Bildend: Buchhandel Dominicanen
3 Erhebend: Maastrichter Kirchtürme

Infos

Boekhandel Dominicanen
Dominicanerkerkstraat 1
NL-6211 CZ Maastricht
Tel. +31/43/410 00 10
www.boekhandeldominicanen.nl

Friture Reitz
Markt 75, NL-6211 CL Maastricht
Tel. +31/43/321 57 06, www.reitz.nl

SAMSTAGNACHMITTAG

Am Nachmittag verlassen wir das Stadtzentrum, fahren vorbei am Jekerpark bergauf auf dem Susserweg. Wir wollen zur Weinverkostung im Apostelhoeve, zu der wir uns zuvor angemeldet hatten.
Schmal und steil ist der Hohlweg, der uns auf die Höhen des Louwberges zu Obstplantagen und Rebenfeldern führt. Hier oben auf der Höhe liegt das Weingut Apostelhoeve, das wehrhaft gleich einem mittelalterlichen Rittersitz über dem Tal der Jeker trohnt. Manche der dicken Mauern sollen 700 Jahre alt sein.
Die meisten der über 180 Weingärten bei unseren Nachbarn sind im Achterhoek und – wie das Weingut Apostelhoeve – in Süd-Limburg rund um Maastricht. Der Überlieferung nach und alten Dokumenten folgend wurde in der Gegend schon 962 n. Chr. Wein angebaut. „Im Mittelalter gab es bei uns auf den Kalk-Mergelböden zahlreiche Weingärten. Etwa 1.200 Hektar sollen es gewesen sein, bevor das Bier zum Volksgetränk wurde", erläutert uns Winzer Mathieu Hulst beim Rundgang durch den idyllischen Innenhof des Weingutes.
Hulst gestaltete gemeinsam mit seinem Vater ab 1970 einen Teil des ehemaligen reinen Obsthofes zum Weingut um: Aus den Obsthainen mit Apfel- und Birnbäumen wurden Rebenhänge. Heute gilt Apostelhoeve mit acht Hektar Rebenland nicht nur als der Älteste, sondern auch als der größte Weinbaubetrieb in den Niederlanden. „Wein aus den Niederlanden ist im Trend. Hier in Süd-Limburg sind wir ein rundes Dutzend Winzer", so Hulst.
Klassische Sorten wie Müller-Thurgau, Riesling, Grauburgunder und Auxerrois liefert der Winzer vom Apostelhoeve an Weinhandlungen und Gasthäuser in den Niederlanden. Dazu zählt auch das Maastrichter Weinrestaurant von Annaline Doelen, das wir am Abend besuchen wollen.
Der Abschied von Winzer Hulst und seinem Weingut fällt uns schwer: Es ist ein herrlicher und auch einzigartiger Flecken mit der fantastischen Aussicht ins Jekertal und hinüber zu den Kirchtürmen von Maastricht.

1

NORD-GROTTEN, FORT SINT PIETER, KASEMATTEN, GROTTEN ZONNEBERG

Maastricht ist an verschiedenen Stellen durchlöchert wie ein Schweizer Käse. Die unterirdischen Anlagen dienten unter anderem der Verteidigung und als Schutzkeller vor Bomben. Es gibt ganzjährig verschiedene geführte Touren (Dauer etwa eine Stunde) in den Untergrund.

www.maastrichtunderground.nl

1 Winzer Mathieu Hulst
2 Weingarten im Jekertal

Infos

Weingut Apostelhoeve
Familie Hulst, Susserweg 201, NL-6213 NE Maastricht
Tel. +31/43/343 22 64, www.apostelhoeve.nl
Führungen: für Gruppen ab zwölf Personen inkl. Weinprobe und Snack; Anmeldung erforderlich
Kosten: 15 €
Weinverkauf: Mo–Sa 9–17 Uhr

SAMSTAGABEND

Gerade rechtzeitig kommen wir wieder im Parkhaus Bassin an. Nach einer Verschnaufpause im Hotel Mabi wechseln wir zum Dinner später quer über den Vrijthof-Platz zu Fuß ins Jekerkwartier zum Restaurant Mes Amis.
Gastgeberin Annalene Doelen hat 2001 mit ihrem hübschen, kleinen Weinrestaurant begonnen. Die Gastronomin setzt auf lokale Produkte beim Essen und beim Trinken auf die Traubensäfte aus den Niederlanden ebenso wie aus der benachbarten belgischen Provinz Limburg. Die Weine von rund einem Dutzend Winzern, wie etwa vom Apostelhoeve, vom Wijngaard St. Mauritius, von der Domäne Aldeneyck und vom Hoenshof, begleiten das spezielle „Wijnmakersmenü". Lecker, lecker! „Ich bin die einzige Gastronomin in Maastricht, die den Schwerpunkt auf die regionalen Weine legt. Die Winzer sind meine Freunde geworden", erzählt die Restaurantchefin. Wen wundert es da noch, dass Doelens Weinrestaurant „Mes Amis" heißt – meine Freunde.

SCHLOSS NERCANNE UND BAROCKGARTEN

Im Jekertal südlich von Maastricht direkt an der belgischen Grenze liegt das feudale Schloss – ein Bauwerk aus dem 17. Jahrhundert. Es verfügt über einen sehenswerten Terrassen-Barockpark und einen Weingarten. Im Sterne-Restaurant kann man sich richtig verwöhnen lassen, wenn man sich etwas Besonderes gönnen möchte.

www.oostwegelcollection.nl/chateau-neercanne

Infos

Restaurant Mes Amis
Tongersestraat 5, NL-6211 LL Maastricht
Tel. +31/43/325 78 66, www.mesamis.nl
Öffnungszeiten: Mi–Mo 12–14 Uhr (auf Anfrage), 17–22 Uhr

1 Schloss Nercanne
2 Genuss im Restaurant Mes Amis

SONNTAGVORMITTAG

Tot ziens Maastricht, bis bald! Wir kommen gern wieder, denn während unseres Aufenthaltes konnten wir nur einiges entdecken und erleben. Wir wechseln hinüber nach Belgien, in die Provinz Limburg. Über die Nationalstraße (N 2) ist es nur der sprichwörtliche „Katzensprung" bis nach Bilzen-Rijkhoven zum Kasteel Alden Biesen (in Bilzen der Ausschilderung „Kasteel Alden Biesen" folgen).

Was für ein Wasserschloss! Diese Größe! Kenner halten das prächtige Bauwerk aus dem 16. Jahrhundert für das größte Schloss zwischen Rhein und Loire, haben wir vor unserem Besuch gelesen. Herrschaftlich und elegant präsentiert sich Alden Biesen, dessen Ursprünge bis in das Jahr 1220 zurückreichen. Jahrhundertelang – bis zur französischen Revolution – residierten Ritter des Deutschen Ordens in dem Anwesen. 1794 wurde die Anlage vom französischen Staat übernommen und drei Jahre später – einfach so – meistbietend versteigert!

Was folgte darauf? Die Gebäude verfielen, die kostbare Inneneinrichtung wurde verkauft. Mittlerweile in Privatbesitz gab es für Alden Biesen eine weitere Wende: Am 8. März 1971 zerstörte ein verheerendes Feuer weite Teile der Gebäude.

Heute ist die Schlossanlage im Eigentum der belgischen Provinz Flandern und mit dem 100 Hektar umfassenden Gelände bedeutendes Kulturzentrum, europäisches Tagungszentrum und Museum. Zahlreiche Veranstaltungen – klassische Konzerte ebenso wie Kunstausstellungen – locken zwischen März und Dezember Jahr für Jahr Tausende Kulturliebhaber nach Alden Biesen. Der französische Garten wurde nach den Plänen von 1700 wieder hergestellt – Gartenfreunde unter den zahlreichen Besuchern sind begeistert von diesem Schmuckstück!

Hübsch ist nicht nur der Garten, sondern auch das Land um das Schloss herum. So nehmen wir die Gelegenheit wahr zu einer kurzen Wanderung (vier Kilometer, eine Stunde), deren ausgeschilderte Route am Parkplatz startet. „Landschapswandeling" sagen die Flamen dazu und führen uns vorbei an Streuobstwiesen, auf denen 200 alte Obstsorten bewahrt werden. Vor der Weiterfahrt stärken wir uns in der hübschen, kleinen Schlossgaststätte 't Gasthuis. Schön, dass wir auf der sonnigen Terrasse noch ein Plätzchen finden.

Infos

Kasteel Alden Biesen
Kasteelstraat 6, BE-3740 Bilzen
Tel. +32/89/51 93 93, www.alden-biesen.be
Öffnungszeiten Besucherzentrum: 1. April–30. September Mo–Fr 9–17 Uhr, Sa, So, Feiertage 10–17 Uhr,
1. Oktober–31. März Mo–Fr 10–17 Uhr, Sa, So, Feiertage 10–16 Uhr
Besuch der Wasserburg innen: Di–So 10–17 Uhr
nur geführt oder im Rahmen einer Ausstellung
Eintritt: Erwachsene 5 €, Kinder 7–18 Jahre 2,50 €, erm. 4 €

Schlossgaststätte 't Gasthuis
Kasteelstraat 8, BE-3740 Bilzen
Tel. +32/89/650 386, www.tgasthuis.be
Öffnungszeiten: Mi–So ab 11.30 Uhr,
Oktober–31. März nur Sa ab 17.30 Uhr

Abgebrannt und wieder aufgebaut: Kastell Alden Biesen mit dem französischen Garten

SONNTAGNACHMITTAG

Wir haben uns viel vorgenommen bei unserem Wochenende in den beiden „Limburgs", fahren von Alden Biesen über die Nationalstraße (N 2) zu unserer letzten Station: Hasselt, lebendige und lebensfrohe Hauptstadt der belgischen Provinz Limburg mit verheißungsvollen Beinamen „Hoofstad van de Smaak", Hauptstadt des Geschmacks.

Das mag wohl zutreffen, denn die über 76.000 Bewohner gehen hier nicht nur gern und gut essen (und trinken), was die hohe Zahl ansprechender Restaurants beweist. Das quirlige Hasselt ist auch die zentrale Einkaufsstadt der Region. So ist die von einer Ringstraße umschlossene Innenstadt nahezu vollkommen autofrei.

Beim Bummel durchs Zentrum folgen wir der knapp drei Kilometer langen Route „Historischer Stadtrundgang", die auf dem Pflaster durch kupferne Nieten mit dem Symbol der Haselnuss gekennzeichnet ist. So kommen wir auch zu den beiden interessanten Museen, dem Nationalen Jenevermuseum und dem Modemuseum.

Genever sollte man nicht trinken, sondern verkosten – das lernen die Besucher des Museums bei Probierschlucken. In Hasselt gab es im 19. Jahrhundert etwa 20 Genever-Brennereien, die den Wacholderschnaps mit mindesten 35 Prozent Alkoholgehalt destillierten. Auch daran erinnert das Museum mit seinen Exponaten in einer ehemaligen Brennerei.

Der Besuch des Modemuseums ist für Modefans ein „Must". In einem ehemaligen Klostergebäude aus dem 17. Jahrhundert gibt es neben der Dauerausstellung zur Modegeschichte immer wieder interessante Sonderschauen zu Themen rund um Mode.

Haben Sie kein Interesse an Mode oder an hochprozentigem Alkohol? Dann fahren Sie von Hasselt aus einfach weiter nach Genk. Gleich nebenan ist mit Bokrijk das größte Freilichtmuseum Belgiens, das über 100 historische Bauwerke aus Flandern zeigt: Bauerngehöfte, eine Windmühle, Bauten aus der Altstadt von Antwerpen – und eine Sonderschau entführt die Besucher in den Lebensstil der 1960er-Jahre.

Pulsierend: Zentrum von Hasselt

Historische Bauwerke: Museum Bokrijk

Infos

Nationales Jenevermuseum
Witte Nonnenstraat 19, BE-3500 Hasselt
Tel. +32/11/23 98 60, www.jenevermuseum.be/de
Öffnungszeiten: 1. April–31. Oktober Di–So 10–17 Uhr,
1. November–31. März Di–Fr 10–17 Uhr, Sa, So 13–17 Uhr
Eintritt: Erwachsene 6 €, 12–26 Jahre 1 €

Modemuseum
Gasthuisstraat 11, BE-3500 Hasselt
Tel. +32/11/23 96 21, www.modemuseumhasselt.be
Öffnungszeiten: Di–So 10–17 Uhr
Eintritt: Erwachsene 8 €, Jugendliche/Studenten 3 €

Freilichtmuseum Domain Bokrijk
Bokrijklaan 1, BE-3600 Genk
Tel. +32/11/26 53 00, www.bokrijk.be/en
Öffnungszeiten: 1. April–22. Oktober
Di–So 10–18 Uhr, Juli, August auch Mo
Eintritt: Erwachsene 12,50 €, Pensionäre 10,50 €, Kinder 2 €

Und falls Sie einen Tag an dieses vollgepackte Wochenende dranhängen möchten, haben wir abschließend noch einen ganz besonders originellen Tipp für die Übernachtung in Hasselt: Schlummern auf einem ehemaligen Frachtschiff am Kempische Kaai in der Nähe des Stadtzentrums. Bis in die 1960er-Jahre fuhr der Frachter noch auf belgischen und deutschen Wasserstraßen, seit 2007 heißen Hilda und Jan Schulpen Gäste auf ihrem schwimmenden Hotel willkommen. An Bord gibt es vier Doppelzimmer – und sogar ein Hallenbad.

1 Genuss: Genever im Museum
2 Gastgeber: Jan Schulpen
3 Schlafschiff: Doppelbett

Übernachtungstipps

B&B Le Fabulieux Destin
Kempische Kaai 68, BE-3500 Hasselt
Tel. +32/476/23 29 41
www.chambresbhotes.be/de

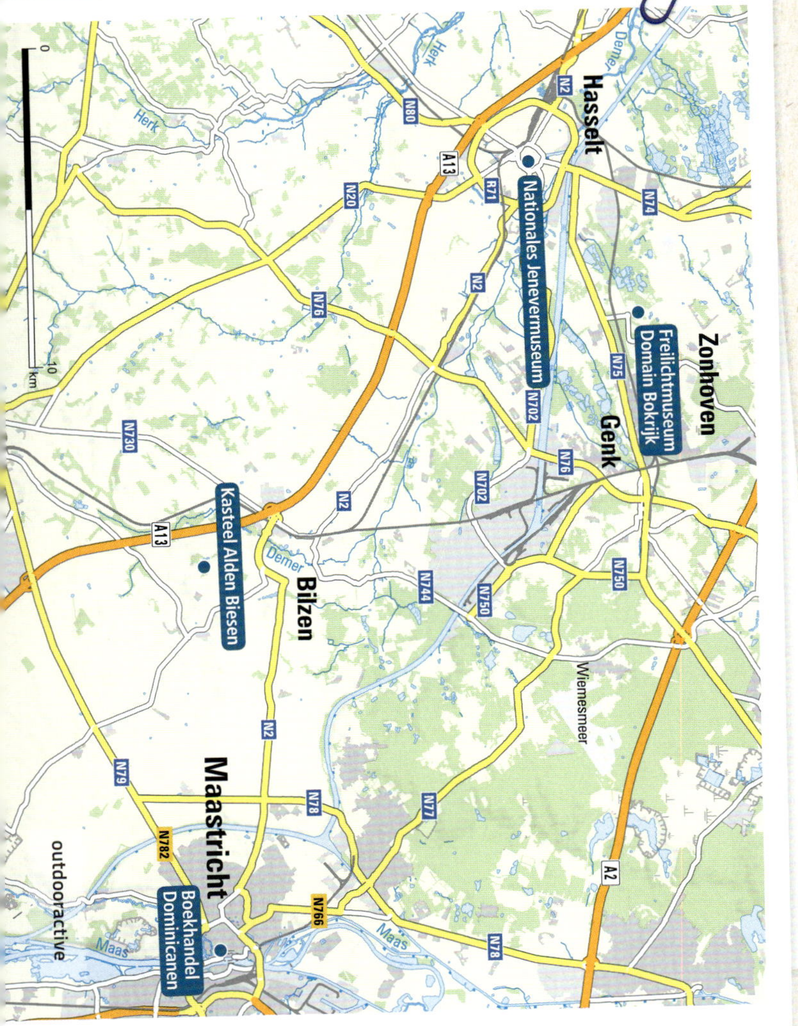

VVV Maastricht
Kleine Straat 1, NL-6211 ED Maastricht
Tel. +31/43/325 21 21
www.vvvmaastricht.nl
www.besuchemaastricht.de

Toerisme Hasselt
Maastrichterstraat 59
BE-3500 Hasselt
Tel. +32/11/23 95 40
visithasselt.be/de

Weitere touristische Angebote in Maastricht und Süd-Limburg

Zu Fuß durchs Viertel

Maastricht in der Gruppe oder auf eigene Faust entdecken: Die schönsten Plätze im Zentrum der lebendigen Stadt, Geschichte und Geschichten, Kurioses und Abenteuerliches – das erfahren die Besucher besonders gut bei einem geführten, kompakten Stadtrundgang durch die Stadtviertel Stokstraat, Jeker, die Stadtmauern und Parks sowie die Kirchen (Dauer etwa 90 Minuten, in deutscher Sprache). Los geht's samstags und sonntags an ausgewählten Tagen jeweils um 13.30 Uhr, von Juli bis September auch freitags.

Treffpunkt: VVV Maastricht, Kleine Straat 1
Kosten: Erwachsene 5,25 €, Kinder bis 12 Jahre 4,25 €

Wer die Stadt lieber auf eigene Faust erkunden möchte, erhält im VVV-Büro (siehe Seite 200) verschiedene Faltblätter mit Wegbeschreibungen.

Mit dem Fahrrad – Radeln nach Zahlen von Hasselt nach Bokrijk

„96 – 97 – 98 – 91 – 71" – das ist keine Telefonnummer, sondern es sind die Knotenpunkte einer Fahrradstrecke, die von der limburgschen Provinzhauptstadt Hasselt mal durchs Grüne und mal entlang am Albertkanaal bis hin zu Belgiens größtem Freilichtmuseum in Bokrijk führt. Vor Beginn der Tour werden die jeweils zweistelligen Ziffern einfach auf einem Notizzettel vermerkt, der mit einem Kunststoffband gleich einem Armreif am Unterarm ist. Und schon kann's losgehen! Die belgische Provinz Limburg mit 2.000 Kilometern Radwegen gilt als Fahrradoase. Als erste Region in Belgien hat Limburg 1995 ein Wegenetzwerk mit den bezifferten Knotenpunkten als Wegweiser geschaffen, das inzwischen auch in vielen anderen Landstrichen in Belgien und in den Niederlanden übernommen wurde. Radeln nach Zahlen ist das Motto in Limburg! Leihfahrräder erhält man beispielsweise am Bahnhof in Hasselt, am Freilichtmuseum Bokrijk und an einem der Limburger Fahrrad-Servicepunkte (FOS – Fietsonhaal- en servicepunten). Dort gibt es auch Kartenmaterial und Tipps für Tagestouren. Tourismus Limburg hat alles Wissenswerte zusammengefasst in der Broschüre „Fietsinfoboekje Limburg – Radinfobroschüre". Außerdem in der kostenlosen App im App-Store: De Fietsparadijs Limburg-app.

Tourismusbüro Limburg
Universiteitslaan 3, BE-3500 Hasselt
Tel. +32/11/30 55 00
www.toerismelimburg.be/de
Leihfahrräder-Reservierung unter:
Tel. +32/11/33 27 56 und
+32/495/52 42 26.
Preise: 8 € (ganztags), 5 € (nach 14 Uhr), Kindersitze, -anhänger, -fahrräder und E-Bikes werden ebenfalls verliehen.

Per Schiff bis Lüttich

Morgens um 10 Uhr startet in Maastricht an der Maaspromenade 58 der Tagestrip per Schiff auf der Maas und dem Albertkanal ins belgische Lüttich (Liège). Nach zweieinhalb Stunden legt das Schiff in Lüttich an und um 15 Uhr wieder ab. Ebenfalls zweieinhalb Stunden Zeit bleiben, um die ehemalige Industriestadt auf eigene Faust zu erkunden. Architektonisches Highlight ist der Bahnhof Guillemins, der von dem spanischen Stararchitekten Santiago Calatrava geplant wurde.
Unser Tipp: Die leckeren Lütticher Waffeln (Gaufres de Liège) probieren – die besten gibt es bei Eric Michaux in dem winzigen Laden „Une Gaufrette Saperlipopette" (Rue des Mineurs). Übrigens: Das Geheimnis der Lütticher Waffel ist der grobe Hagelzucker im Teig, der beim Backen während der drei Minuten karamellisiert und den typischen Geschmack ergibt.

Reederei Stiphout
Tel. +31/43/351 53 00
www.stiphout.nl
Fahrpreise: Erwachsene 24,25 €, Kinder 4–12 Jahre 15,25 €
(vorherige Buchung erforderlich)

Lütticher Kontraste: TGV-Bahnhof Guillemins, Altstadtgasse
Süße Verführung: leckere Waffeln, die Gaufres de Liège (Mitte)

Arnheim und der Nationalpark Hoge Veluwe

Auf dem Fahrrad zu Vincent van Gogh

Amsterdam hat seine „9straatjes“, Arnheim bringt es auf sieben. Sieben Einkaufsstraßen, die uns zum Bummeln einladen. Wir bewundern die Kreationen der Modemacher und wechseln aus der Stadt in die Natur und zur Kultur. De Hoge Veluwe ist nicht nur der zweitgrößte Nationalpark der Niederlande, sondern birgt mit dem Kröller-Müller Museum und Gemälden von Vincent van Gogh auch einen Kulturschatz von unermesslichem Wert.

Anfahrt

Mit dem Auto über die A 3/A 12 Köln – Oberhausen – Arnheim

Mit der Bahn gibt es regelmäßige Direktverbindungen (ICE International Frankfurt – Amsterdam und RE 19 Rhein-Ijssel-Express Düsseldorf – Arnheim) nach Arnheim CS; von dort Busverbindungen zum Nationalpark Hoge Veluwe. www.bahn.de, www.abellio.de, www.ns.nl, www.9292ov.nl

FREITAGNACHMITTAG

Früh am Mittag sind wir losgefahren, um allen leidigen Staus zwischen Köln, Breitscheid, Duisburg und Oberhausen auf der A 3 zu entgehen. So kommen wir einigermaßen entspannt in Arnheim an, können in einem der Parkhäuser (Broerenstraat) unser Auto abstellen. Die Hauptstadt der niederländischen Provinz Gelderland mit ihren 155.000 Einwohnern ist Einkaufsmetropole und auch Modestadt.
Kompakt kommt uns das Einkaufszentrum an der Eusebiuskirche am Markt vor. Während des Zweiten Weltkrieges im September 1944 bei der furchtbaren Schlacht von Arnheim zerstört wurde das Gotteshaus wieder aufgebaut und ist heute Konzertsaal und Ausstellungszentrum, der 93 Meter hohe Glockenturm wurde Aussichtsturm.
Lautlos gleiten wir im gläsernen Aufzug in die Höhe, vorüber am Eusebius-Glockenspiel (zweitgrößtes in Europa!) und überblicken aus der Höhe das Gewirr schmaler Straßen, schauen über die kurvigen Flussläufe des schmalen Nederrijn und der Ijssel und können bei klarem Wetter im Südosten sogar die Anhöhen von Elten in Deutschland entdecken.

LANDGOED HOTEL GROOT WARNSBORN

„Ist es hier nicht herrlich …“, schrieb Anne Frank an ihre Großmutter, als sie 1941 mit ihrem Vater im Landgut Groot Warnsborn zu Gast war. Groot Warnsborn am Stadtrand von Arnheim ist umgeben von englischen Gärten und 750 Hektar Wald. Das dem Hotel angeschlossene Restaurant serviert französische Küche. Ein Aufenthalt im Groot Warnsborn ist nicht ganz preiswert, aber ein besonderes Erlebnis.

www.grootwarnsborn.nl

Landgut Groot Warnsborn

Links Stolz: Rotwild im Nationalpark Hoge Veluwe

„Der Höhepunkt eines Tages in Arnheim", das soll die Gipfeltour mit dem Glasaufzug sein. Zurück zur Erde und – zur Kaffeepause. Im Schatten des mächtigen Kirchturmes lockt uns das Dudok, legendäres Café und Brasserie an der Ecke Koningstraat/Broerenstraat, von morgens bis in die Nacht hinein der Treffpunkt der Arnheimer. Probieren Sie das hausgemachte Appelgebak met Slagroom, den Apfelkuchen mit Sahne. Lecker!
Mehr als 500 Geschäfte locken nebenan zum Einkauf – nur wenige Filialisten, stattdessen eine bunte Mischung von kleineren Fachgeschäften für Heimdekoration, Antiquitäten, Blumen, Kunst, Damen-, Herrenmode und dazwischen immer wieder Restaurants und Kaffeebars.
„Coming soon" heißt in der Kerkstraat einer der Läden, der die Mode junger Designer präsentiert. Nicht ganz preiswert, aber exklusiv und auf jeden Fall trendig. Die Kerkstraat, so hatten wir vorher gelesen, zählt zu den 7straatjes, den sieben Einkaufsstraßen, die jeder Besucher Arnheims gesehen haben sollte: Arke Noachstraat, Bentinckstraat, Eiland, Kerkstraat, Pastoorstraat, Wielakkerstraat und die Zwanenstraat.
Voll im Trend liegt auch das „Frites Atelier" in der Vijzelstraat. Keine schlichte Pommes-Frites-Bude, sondern ein stylischer Eckladen. Ein Atelier eben, wo die goldgelben Kartoffelstäbchen mit viel Liebe und hoher handwerklicher Kochkunst gebacken werden. Fast Food mal ganz edel, mit Kartoffeln aus Zeeland in bester Qualität und nicht fetttriefend, das hat sich in Arnheim längst herumgesprochen – der Andrang hungriger Frittenfreunde ist groß. Immerhin steckt hinter der Fritterie der Spitzenkoch Sergio Herman, der es in der Vergangenheit mit seinem Restaurant Oud Sluis in die Liste der 50 weltbesten Gourmettempel schaffte und mit drei Michelin-Sternen ausgezeichnet wurde.
Stichwort Atelier – das bringt uns direkt zur Modeszene von Arnheim ins Modekwartier Klarendal, die etwas außerhalb der Innenstadt zu Hause ist. Bis in die frühen 2000er-Jahre führte der Klarendalseweg noch in das Problemviertel, gekennzeichnet von hoher Arbeitslosigkeit und Kriminalität. Klarendal = Tranendal (Tränental) hieß es. Doch dann begann auf Initiative der Stadtverwaltung die Wandlung des Kwartiers zum Trendviertel, dem „Nottinghill von Arnheim", wie manche Beobachterin den zugegebenermaßen ziemlich kühnen Vergleich mit London wagt. Doch Klarendal mit seinen kleinen Häuschen und den etwa 60 Läden mit neuester Designer-

mode und ausgefallenen Möbeln, Cafés, Restaurants und dem Modedesignhotel Modez, strahlt eine besondere Atmosphäre aus. Einige der Kreativen haben an der Arnheimer Kunsthochschule ArtEZ studiert, eine der renommiertesten Ausbildungsstätten im Nachbarland.

1 Beliebt: Pommes aus dem Atelier
2 Abgestellt: Zweirad am Modeladen

Infos

Eusebiuskirche
Kerkplein 1, NL-6811 EB Arnhem
www.eusebius.nl
Eintritt Turmbesuch: Erwachsene 4 €, Kinder bis 16 Jahre 3 €

Dudok
Koningstraat 40, NL-6811 DH Arnhem
Tel. +31/26/351 18 72, www.dudok.nl
Öffnungszeiten: Mo–Mi 9–22 Uhr, Do–Sa 9–23 Uhr, So 10–22 Uhr

Frites Atelier Amsterdam
Vijzelstraat 16, NL-6811 ET Arnhem
www.fritesatelieramsterdam.com
Öffnungszeiten: Fr–Mi 11–20 Uhr, Do 11–22 Uhr

Modekwartier Klarendal
www.modekwartier.nl

FREITAGABEND

Später Nachmittag ist es schon geworden. Übernachten wir im Designhotel Modez, dessen Zimmer von niederländischen Modedesignern gestaltet wurden, oder fahren wir bereits hinaus zu De Hoge Veluwe? Wir entscheiden uns fürs Hinausfahren. Von der Arnheimer Innenstadt geht's in Richtung Autobahn Apeldoorn (A 50) bis zur Ausfahrt Hoenderloo/Beekbergen (Vorsicht: Tempolimit 120 km/h; es wird geblitzt), dann auf dem Oude Arnhemseweg bis Hoenderloo. Dort beziehen wir im Princess Hotel Victoria, nur fünf Minuten entfernt von unserem Samstagsziel, dem Nationalpark Hoge Veluwe, unser Zimmer. Das Abendessen lassen wir uns im angeschlossenen Restaurant schmecken.

Stille Stunde: Moorsee Deelense Veld

Übernachtungstipps

Princess Hotel Victoria
Woeste Hoefweg 80, NL-7351 TP Hoenderloo, Tel. +31/55/506 28 28
www.fletcherhotelhoenderloo.nl

Hotel Modez
Elly Lamakersplantsoen 4, NL-6822 BZ Arnhem, Tel. +31/26/442 09 93
www.hotelmodez.nl

SAMSTAGVORMITTAG

Über den Woeste Hoefweg kommen wir schnell zum Eingang des Nationalparks Hoge Veluwe. Hoenderloo ist neben Schaarsbergen und Otterlo einer von drei Eingängen zu dem riesigen Wald- und Heidegebiet, mit 54 Quadratkilometern Fläche der zweitgrößte der 20 Nationalparks in den Niederlanden nach dem Wattenmeer. Die abwechslungsreiche Landschaft aus Kiefern-, Buchen- und jahrhundertealten Eichenwäldern, Heideflächen, Moorseen und Sanddünen entstand bereits in der Eiszeit. Heute wird der Park auch als die grüne Schatzkammer der Niederlande bezeichnet.

Umsteigen – vom Auto aufs Fahrrad. Mit den weißen, kostenlosen Leih-Fietsen gelangen wir über das 40 Kilometer lange Wegenetz nahezu an fast jeden Punkt des Nationalparks Hoge Veluwe. 1.800 „Witte Fietsen" gibt es im Nationalpark; Autofahrer sollten daher ihre Vehikel an den Zugängen parken und auf zwei Rädern das Gebiet kennenlernen. Alle Fahrräder, auch mit Kindersitzen, stehen kostenlos zur Benutzung an den Eingängen des Parks.

„Vor 150 Jahren war der größte Teil der Hoge Veluwe noch mit weiten Sanddünen bedeckt", erzählt uns Naturführer Jaap Norg während einer Radtour vom Besucherzentrum aus. Doch im 19. Jahrhundert begann die Aufforstung. Kiefernholz wurde für den Bergbau und die Papierindustrie benötigt. Nach und nach breiteten sich die Wälder immer weiter aus, die Sanddünen und Heidezonen drohten, ganz zu verschwinden. „Seit 2001 wurden einige Waldungen gerodet, damit mehr Sanddünen entstehen können und der ursprüngliche Charakter der Landschaft für die Zukunft erhalten bleibt", erläutert uns der Naturführer. So wurde die mehr als 50 Meter aufragende Sanddüne „De Pollen" erheblich erweitert.

Besonders farbenprächtig zeigt sich die Natur zweimal im Jahr: Ab etwa der dritten Augustwoche legt die Landschaft mit der Heideblüte ihr rotes Kleid an, gegen Ende Mai stehen die Rhododendren in voller Farbenpracht. Mehr als 500.000 Gäste kommen Jahr für Jahr in den Nationalpark. Die allermeisten besuchen auch das Kröller-Müller Museum, das an diesem Samstagvormittag auch unser Ziel ist. Das Museum ist mit der Geschichte des Naturreservates eng verbunden. Das wohlhabende Industriellenpaar Helene und Anton Kröller-Müller erwarb ab 1909 weite Flächen des heutigen Nationalparks als Jagdrevier, 1917 gehörten ihm dort 6.800 Hektar. Kunstkennerin Helene Müller legte damals durch ihre Sammelleidenschaft den Grundstock für die Ausstellung, die seit 1938 inmitten des Parks residiert. Heute ist das Kröller-Müller Museum mit 88 Gemälden und 182 Zeichnungen die weltweit größte Privatsammlung von Werken des niederländischen Künstlers Vincent van Gogh. Darunter sind die berühmten modernen Klassiker „Brücke von Arles – Pont de Langlois" (1888), „Caféterrasse bei Nacht" (1888), „Kartoffelesser" und das Selbstporträt des Malers. Wir staunen über van Gogh und kommen mit unserer Bewunderung kaum nach. Denn die Sammlung moderner und zeitgenössischer Kunst umfasst insgesamt über 20.000 Werke, darunter auch Bilder von Pablo Picasso, Auguste Renoir, Claude Monet, Paul Gauguin, Ferdinand Leger und Piet Mondriaan. Fachleute stufen den Wert der Gemälde und Zeichnungen auf mindestens acht Milliarden Euro ein. Oder mit einem einzigen Wort: unschätzbar.

Neben den Ausstellungsräumen entstand 1961 der weitläufige Skulpturengarten, der zwischen zeitgenössischer Kunst und Natur eine stimmungsvolle Einheit bildet. Mit 160 Plastiken, Installationen und Bildhauerarbeiten gilt der Kunst-Park als einer der größten seiner Art in Europa. Zwischen üppigen Rhododendren (besonders imposant zur Blütezeit im Mai), windzersausten Kiefern und weitem Grün sind auf einer Fläche von 25 Hektar die Werke von Auguste Rodin, Henry Moore, Barbara Hepworth, Richard Serra, Jean Dubuffet und Claes Oldenburg zu sehen. Die Freiluftkunst wird ständig um neue Arbeiten erweitert. So schuf der neuseeländische Künstler Chris Booth 2004/05 aus tonnenschweren Findlingen der Region den monumentalen Steinwall „Das Echo der Veluwe". Wir treffen unterwegs zufällig die Kunsthistorikerin und Museumsführerin Geertje Waanders: „Booth hat acht Monate bei uns im Park an seinem Werk gearbeitet. Die Besucher konnten die Entstehung Tag für Tag miterleben."

Hungrig sind wir geworden, durch – oder nach so viel hochkarätiger Kunst. Im Museum gibt es die Cafeteria Monsieur Jacques, die uns zur Pause einlädt.

1

1 Kunstsammlerin Helene Müller
2 Die Sanddüne „De Pollen"
3 Parkplatz der Witte Fietsen
4 Gemälde von Vincent van Gogh
5 Das Kröller-Müller Museum

Infos

Het Nationale Park De Hoge Veluwe
Eingang Hoenderloo
Houtkampweg 13
NL-7352 TC Hoenderloo
Tel. +31/55/378 81 16
www.hogeveluwe.nl
Eintritt: Erwachsene 9,30 €, Kinder 4,65 €, Auto 6,60 €, Parken vor den Eingängen 3,30 €, eigenes Pferd 3,30 €, eigenes Fahrrad gratis. Zu beachten sind die saisonabhängigen Öffnungszeiten (Sommer/Winter). Zur Orientierung lohnt der Kauf der „Wandel, Fiets- en Autokaart", die es an den Eingängen und im Besucherzentrum gibt.

Kröller-Müller Museum
Houtkampweg 6, NL-6731 AW Otterlo, Tel. +31/318/59 21 41
www.kmm.nl
Öffnungszeiten: Museum Di–So, Feiertage 10–17 Uhr, Skulpturenpark Di–So, Feiertage 10–16.30 Uhr; Führungen auch auf Deutsch
Eintritt: Kombiticket Park und Museum Erwachsene 18,60 €, Kinder 9,30 €

Monsieur Jacques
Houtkampweg 10a, NL-6731 AW Otterlo, Tel. +31/318/59 16 57
www.monsieurjacques.nl
Öffnungszeiten: siehe Skulpturenpark

2

3

4

5

SAMSTAGNACHMITTAG

Wir steigen wieder auf unsere Fietsen und radeln vom Museum auf der Radroute 2 (26 Kilometer lang) in das weite Heideland Deelense Veld. Nur hin und wieder kreuzen Radler unseren Weg, links und rechts breitet sich die weite Heidelandschaft bis zum Horizont aus. Seltene Tiere und Pflanzen leben im Nationalpark – Ringelnatter und Moorfrosch etwa, die Niedrige Schwarzwurzel, Sonnentau und Lungen-Enzian. 400 bis 500 Jahre alt sind die knorrigen Kiefern, Buchen und Eichen.

Wie still es hier ist, am kleinen Moorsee Deelense Veld! Nur im Herbst wird es lauter in Hoge Veluwe. Zur Brunftzeit haben die Hirsche ihren großen, lautstarken Auftritt. Um die 200 kapitale Exemplare leben im Nationalpark, dazu 150 Rehe, Fuchs und Dachs, mindestens 50 Wildschweine und 200 Mufflons, die Anton Kröller 1923 im Park ansiedeln ließ. Die hereinbrechende Abenddämmerung ist zur Brunft die beste Uhrzeit zur Wildbeobachtung an einer der sieben gekennzeichneten Posten, etwa an der Autostraße gegenüber der Sanddüne De Pollen.

MIT DEM FÖRSTER AUF SAFARI

– monatlich bietet die Parkverwaltung Rundgänge mit maximal 15 Gästen an. Die mehrstündige Tour mit dem Boswachter (Förster) Henk Ruseler führt quer durch Wald und Wiesen, abseits der gekennzeichneten Wege.

www.hogeveluwe.nl

1 Sanddüne De Pollen
2 Radfahren durch die Heidelandschaft

SAMSTAGABEND

Am späten Nachmittag kehren wir zurück nach Hoenderloo ins Hotel, mit so vielen unterschiedlichen Impressionen von Kunst und Natur. Und bleiben dort auch zum Abendessen, verschlummern anschließend die Nacht in der ländlichen Stille.

SONNTAGVORMITTAG

Aus der Natur zurück in die Stadt, nach Arnheim ins Nederlands Watermuseum (Wassermuseum) am Rand des Parks Sonsbeck. „Mit dem Fahrstuhl sind wir jetzt direkt bis unter die Wasseroberfläche gefahren", erklärt uns Gästebetreuerin Lianne Lettink mit einem charmanten Lächeln. Mehr als drei Meter unter dem Grundwasserspiegel liegt das einzige niederländische Museum, das sich schwerpunktmäßig mit Süßwasser beschäftigt. Der Klimawandel und seine Folgen, davon berichtet das Wassermuseum mit ungeschönten Fakten: Den Anstieg des Meeresspiegels in den nächsten 100 Jahren um 30 bis 80 Zentimeter als Folge des Klimawandels sehen Wissenschaftler als riesige Gefahr für unsere Nachbarn. Werden die haushohen Deiche das noch aushalten können? Mehr als 50 interaktive Präsentationen zeigen, wie Schleusen und Pumpwerke miteinander funktionieren und das niedere Land trocken halten, in dem die tiefste Stelle in Nieuwerkerk bei Rotterdam fast sieben Meter unter der Meeresoberfläche liegt.

Infos

Nederlands Watermuseum
Zijpendaalseweg 26–28, NL-6814 CL
Arnhem, Tel. +31/26/445 25 48
www.watermuseum.nl
Öffnungszeiten: Di–So 11–17 Uhr
Eintritt: Erwachsene 9,50 €, Kinder
bis 12 Jahre 6,50 €

SONNTAGNACHMITTAG

Im Museumscafé haben wir uns gestärkt für die letzte Etappe unseres Wochenendes in der Region Arnheim – Nijmegen. Ach ja, Nijmegen: Um die von den Römern gegründete, älteste Stadt der Niederlande machen wir dieses Mal einen Bogen. Ein anderes Mal werden wir dorthin reisen – in die Stadt am Fluss Waal, wie hier der Rhein heißt.
Von Arnheim führt uns die Autobahn A 325 südwärts, wir überqueren Nederrijn und Waal mit dem regen Schiffsverkehr, folgen der N 325 mit der Beschilderung nach Kleve, biegen von der N 325 links ab nach Ooj – Leuth – Millingen und stehen bald vor der Kirche von Kekerdom. Parken gegenüber, aussteigen und zu Fuß geht es nun weiter in das Naturgebiet Millingerwaard, der letzten Station unseres Wochenendes.

OORTJESHEKKEN

Am Rand von Ooj nördlich des Naturschutzgebietes Millingerwaard bietet das originelle „Huiskamercafé Oortjeshekken" noch einmal eine Einkehrmöglichkeit. Schon ab 1600 war Oortjeshekken eine Herberge, heute gibt es dort zwölf Hotelzimmer. Wer dort übernachten möchte, sollte rechtzeitig reservieren! Im Sommer sitzen die Gäste gern draußen im Kaffeegarten.

www.oortjeshekken.nl

Kekerdom mit der Kirche

Die Millingerwaard ist eine 700 Hektar große Wasser-, Wiesen- und Dünenwelt am Waal – eine urige Auenlandschaft, die bis in die 1990er-Jahre noch landwirtschaftlich genutzt wurde. Dann erhielten die Bauern Ersatzflächen und nach und nach eroberte die Natur das Land vor dem Deich von Kekerdom. Biber wurden inzwischen angesiedelt, 150 Konik-Pferde und Galloway-Rinder leben frei in der Flusslandschaft, die ein Teil des Naturschutzgebietes „Gelderse Poort" (Das Tor zur Provinz Gelderland) ist.
Im Winter – zwischen Ende Oktober und Ende März – hallt das Geschrei von mehr als 20.000 sibirischen Wildgänsen über das Land. Die arktischen Gäste überwintern hier auf den feuchten Wiesen und Äckern, sie füllen ihr Fettpolster auf für den etwa 6.000 Kilometer weiten Rückflug. Ein Naturschauspiel, zu dem wir im Winter gern noch mal wiederkommen möchten in die urtümliche Landschaft der Gelderse Poort zwischen Kleve, Kranenburg und dem niederländischen Kekerdom.

1

2

1 In der Millingerwaard
2 Café Oortjeshekken

Infos

De Millingerwaard
Weverstraat 94, NL-6579 AG Kekerdom
Tel. +31/316/54 19 24
www.millingerwaard.info

Informationen und Anmeldungen zu Gänsesafaris
NABU-Naturschutzstation Kranenburg
Im Hammereisen 27 E
47559 Kranenburg
Tel. 02826/918 76 00
www.nabu-naturschutzstation.de

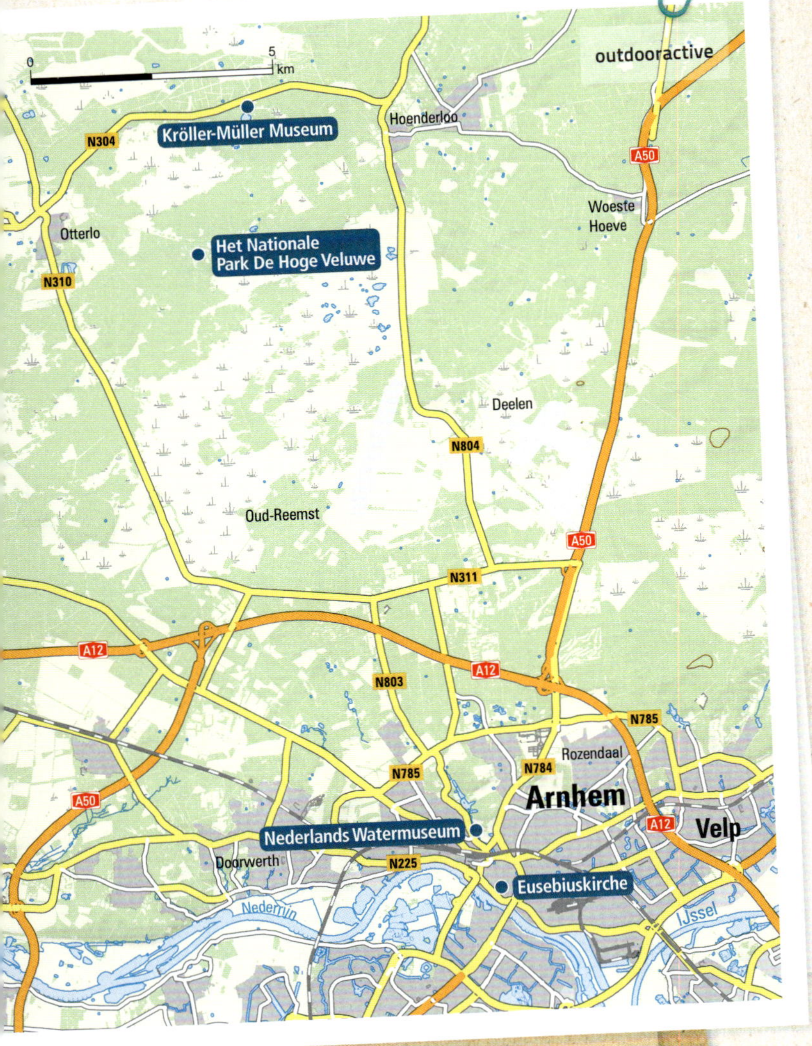

VVV Arnheim
Stationsplein 158 C, NL-6811 KL Arnhem
Tel. +31/900/112 23 44
www.regionarnheimnimwegen.de
www.visitveluwe.de

Weitere touristische Angebote in Arnheim

Nederlands Openluchtmuseum

Lebendige Geschichte bietet der Museumspark auf einer Fläche von 44 Hektar. Alte Handwerke werden vorgeführt, es gibt eine Schiffswerft und eine Brauerei. Mit einer historischen Straßenbahn kurven die Besucher über das Gelände. Einen ganzen Tag kann man sich hier gut aufhalten.

Hoeferlaan 4, NL-6816 SG Arnhem
Tel. +31/26/357 61 11
www.erlebnismuseum.nl
Öffnungszeiten: Sommer tägl. 10–17 Uhr, im Winter abweichende Zeiten
Eintritt: Erwachsene 19 €, Kinder bis 12 Jahre 16 €, Parkplatz 6 €

Koninklijke Burgers' Zoo

Tropischer Regenwald, die Wüste von Arizona und die Savannenlandschaft von Ostafrika – Burgers' Zoo zeigt Tiere in ihrer natürlichen (nachgebauten) Umgebung. Am 31. März 1913 eröffnete der Vorläufer des heutigen Tierparks seine Tore. Seit seiner Gründung durch Johan Burgers, des ersten Eigentümers und Namensgebers des Arnheimer Tierparks, ist der Park ein Familienbetrieb.

Antoon van Hooffplein 1, NL-6816 SH Arnhem, Tel. +31/26/442 45 34
www.burgerszoo.nl
Öffnungszeiten: Sommer tägl. 9–18 Uhr, Winter tägl. 9–17 Uhr
Eintritt: Erwachsene 22 €, Kinder bis 9 Jahre 19 €, Parkplatz 6 €

Achterhoek – das andere Holland

Schmugglerpfade, Möwen und Flamingos

Kuhweiden und Waldesecken, edle Schlösser und prächtige Herrensitze, einsame Bauernhöfe und lebendige Städtchen – Hollands hinterste Ecke (Achterhoek) ist so ganz anders als die Niederlande im Westen. Im Achterhoek geht das Leben einen ruhigen Gang. Von der Ijssel über Bronkhorst bis zu Schmugglerpfaden zwischen Winterswijk und Vreden führt unsere Wochenendtour.

Anfahrt

Mit dem Auto über die A 3/A 12 Köln – Oberhausen – Arnheim, am Autobahnkreuz Velperbroek auf die A 348 Richtung Zutphen, am Autobahnende N 348 Richtung Zutphen bis Brummen, dort durch den Ort den Schildern zur Autofähre Bronkhorst folgen

FREITAGNACHMITTAG

Uriger kann unser Wochenende im Achterhoek kaum beginnen: Keine fünf Minuten benötigt das Fährboot über die Ijssel auf der Tour nach Bronkhorst. Nur um die 60 Einwohner zählt der winzige Flecken, in dem sich nicht mal ein Lebensmittelladen hält. Stattdessen haben sich Künstler und Antiquitätenhändler in den schmalen Häuschen rund um die Schlosskapelle am Gijsbertplein angesiedelt. Wer über den Fluss nach Bronkhorst kommt, der taucht ein in eine andere Welt. „Schon vor 1.000 Jahren wurde Bronkhorst zum ersten Mal erwähnt", sagt uns die Gästeführerin Bep ter Hoeve voller Stolz. „Seit 1482 haben wir die Stadtrechte." Bronkhorst zählt zu den vier kleinsten Städten der Niederlande.

Über die Ijssel: Fähre bei Bronkhorst

Idylle pur in dem kleinen Städtchen, das zum Bummeln über das holprige Pflaster der Onderstraat einlädt. Wir haben das Auto am Dorfrand auf einem der Parkplätze abgestellt – am Sonntag ist Bronkhorst ein sehr beliebtes Ausflugsziel in den Niederlanden. Doch an diesem Freitagnachmittag herrscht hier noch Ruhe vor dem Ansturm.
Und ruhig geht unsere Tour im Achterhoek auch gleich weiter auf kurvigen, schmalen Landstraßen. Über Steenderen und Achter-Drempt bummeln wir zur 't Heekenbroek, der Wijnboerderij von Job und Neetje Huisman, wo wir im B&B (Bed and Breakfast) die erste Nacht im Achterhoek verschlummern wollen – beim Winzer, mit Blick auf die Weinreben vom Bett aus.

Links Vogelparadies Zwillbrocker Venn

1 Dorfidylle: Die Onderstraat führt in die Stadt Bronkhorst.
2 Dachschmuck: die Windfahne

Fritten und Frikandel, Pils und Genever – dafür sind die Niederlande bekannt. Doch Wein aus den Niederlanden, geht das überhaupt? Dat kann – was so viel heißt wie, es ist möglich. In mehr als 180 Weingärten zwischen Friesland im Norden und Süd-Limburg reifen die Trauben heran, die meisten im Achterhoek. Seit 2006 sind die Huismans Weinbauern. „Wir sind Umsteiger, haben davor Tierfutter produziert", erzählen uns die beiden sympathischen Gastgeber bald nach unserer Ankunft.
Umsteiger – die meisten Weingärtner in unserem Nachbarland hatten früher einen anderen Beruf, bevor sie zu den Weinstöcken wechselten: Kartoffel- und Obstbauern, Spediteur, Pilot, Stewardess und Campingplatzinhaber, so unterschiedlich sind die beruflichen Lebensläufe.
Bis zu 4.000 Liter Wein keltern Job und Neetje Huisman im Jahr. Keine klassischen Sorten, die würden bei ihnen wegen des Klimas nicht reifen. Die Weißen sind etwa Solaris oder Johanniter, die Roten Cabernet Pinotin und Cabernet Noir.

FREITAGABEND

Schade, wir hätten gern am späten Nachmittag ein paar Tropfen gekostet, müssen zum Abendessen aber noch in das nahe Städtchen Doesburg fahren. Unter den Restaurants im Zentrum der alten Hansestadt haben wir uns entschieden für die Brasserie Het Zesde Zintuig.
Wem die Fahrerei zu aufwendig ist, der übernachtet im Hampshire Hotel 's Gravenhof in zutphen, 15 Kilometer nördlich von Bronkhorst und isst entweder im angeschlossenen Restaurant Brasserie 6 oder in der Tapasbar zu Abend.

1 Lebendig: Hansestadt Zutphen
2 Ländlich: Wijnboerderij
3 Pfleglich: Job Huisman, Rebstöcke

Übernachtungstipps

Wijnboerderij 't Heekenbroek
Tellingstraat 7, NL-6996 DZ Drempt
Tel. +31/314/38 19 88
www.heekenbroek.nl

Hampshire Hotel 's Gravenhof
's Gravenhof 6, NL-7201 DN Zutphen
Tel. +31/575/59 68 66
www.hotelsgravenhof.nl

Infos

Brasserie Het Zesde Zintuig
Roggestraat 1, NL-6981 BJ Doesburg
Tel. +31/313/47 66 49
www.hetzesdezintuig-doesburg.nl

SAMSTAGVORMITTAG

Ade Familie Huisman, zum Abschied nehmen wir noch ein paar Flaschen vom Weißen Johanniter mit, fahren über Baak und Wichmond auf Landstraßen bis ins nahe Vorden. Fahrräder haben wir dort vorbestellt für die Vordener Achtkastelenfietsroute – die Acht-Schlösser-Fahrradroute, die bereits seit dem Jahr 1913 besteht.

Wiesen und Wälder wechseln sich ab auf dem 35 Kilometer langen, gut gekennzeichneten Rundkurs. Eigene Radpisten, Sandwege und Landstraßen, auf denen uns kaum Autos überholen, machen den Reiz der Rundtour aus. Und erst die Schlösser – eine Pracht. Die ersten, frühen Bauwerke sollen zwischen 1200 und 1400 entstanden sein. Doch richtig los ging es im 16. Jahrhundert, da wurde es schick, einen Landsitz im Grünen zu haben. Wohlhabende Landadelige und Amsterdamer Kaufleute ließen sie im Stil des Barock und der Renaissance errichten. Manche sind umgeben von wehrhaften Wassergräben, andere verraten ihren Stolz am Ende von jahrhundertealten Baumalleen, wie etwa die Landgüter Kieskamp (erbaut 1776) und Onstein, erstmals 1494 erwähnt.

Die meisten Schlösser sind auch heute noch in Privatbesitz, uns bleibt daher nur der bewundernde Blick aus der Ferne. Das Landgut De Wiersse öffnet hingegen seinen prächtigen, 16 Hektar großen Garten und angeschlossenen 31 Hektar umfassenden Landschaftspark für Gäste. Tausende Gartenfreunde, selbst aus Japan, Australien und den USA pilgern Jahr für Jahr in das Grün bei Vorden. Einzigartig ist das Nebeneinander des wilden Gartens, der Kräuter- und Gemüsebeete, des Rosenparterres im strengen französischen Stil, von Laubengängen und Hecken unterschiedlicher Höhe, die fließende Übergänge schaffen. Kenner wissen, wann die beste Zeit ist – im Frühsom-

Landgut Kiefskamp aus dem 18. Jahrhundert

mer, wenn die zahllosen Rhododendren blühen, die in den 1920er-Jahren gepflanzt wurden. Gehegt und gepflegt wird der Park von der Besitzerfamilie Gatacre, die hier bereits seit 1678 ansässig ist.
Am späten Mittag kehren wir von der Radrunde zurück nach Vorden, mit vielen Eindrücken vom „anderen Holland“, machen kurz Rast im Restaurant des Hotel Bakker mitten in Vorden, bevor wir zu unserem nächsten Ziel Winterswijk noch tiefer ins Achterhoek hineinfahren. Vorüber an Ruurlo und Groenlo (N 319) kommen wir in die lebendige, 23.000 Einwohner zählende Stadt, die sich auf einer riesigen Fläche von 138 Quadratkilometern ausbreitet.

Infos

Vordener Achtkastelenfietsroute
VVV Bronckhorst, Kerkstraat 1b
NL-7251 BC Vorden, Tel. +31/575/55 32 22

Fahrradverleih
Profile Bleumink Vorden, Dorpsstraat 12
NL-7251 BB Vorden
Tel. +31/575/55 13 93
E-Mail: vorden@profilebleumink.nl

Landgut De Wiersse
Wiersserallee 9, NL-7251 LH Vorden
Tel. +31/573/45 14 09
www.dewiersse.com
Öffnungszeiten: Mai, Juni, Juli und Oktober nur an bestimmten Tagen; bitte auf der Website einsehen
Eintritt: Erwachsene 7,50 €, Kinder bis 9 Jahre frei

Hotel Bakker
Dorpsstraat 24, NL-7251 BB Vorden
Tel. +31/575/55 13 12, www.bakker.nl

1 Landgut De Wiersse
2 Die Jacobuskirche am Markt in Winterswijk

SAMSTAGNACHMITTAG

Sind wir in den Niederlanden oder doch schon in Duitsland (Deutschland)? In den Geschäften rund um den Markt hören wir deutsche Wortfetzen. Winterswijk hat etliche Campingplätze, die vor allem bei Dauercampern aus dem Ruhrgebiet sehr beliebt sind. Dazu Deutsche, die sich auf Platt unterhalten – die Mundart-Sprache der Menschen im Westmünsterland und im Achterhoek ist ähnlich.
Uns zieht es zur Kultur, zu einem Highlight im Achterhoek – der Villa Mondriaan. Rauten und Rechtecke, Quadrate und schwarze Linien – alles das, was Piet Mondriaans Bilder weltweit berühmt macht, ist hier nicht zu sehen. Das Museum „Villa Mondriaan" konzentriert sich auf die frühen Jahre des Meisters der Moderne – aus gutem Grund.

1

2

1 Mondriaan-Museum **2** Bed & Breakfast De Borg

„Im Alter von acht Jahren lief der kleine Piet zum ersten Mal durch die Straßen und Gassen von Winterswijk", so Klara Scheuren, Juniordirektorin des Museums bei einem Rundgang. Familie Mondriaan – Vater, Mutter und vier Kinder – war gerade aus Amersfoort umgezogen ins Achterhoek. Die Lehrerfamilie bewohnte von 1880 bis 1892 das stattliche Anwesen in Winterswijk. Die weiße Villa und ihre Nachbargebäude sind seit Mai 2013 das Museum „Villa Mondriaan". Von engagierten Bürgern und einem anonymen Mäzen wurde das Haus in letzter Minute vor dem Abriss bewahrt. Viele der präsentierten Zeichnungen und Gemälde stammen als Dauerleihgaben aus dem Gemeentemuseum in Den Haag. Historische Fotografien, die Mondriaan in seinen Ateliers zeigen, zählen zu den Schätzen des kleinen, feinen Museums.

Mehr als 50 frühe Werke des 1872 in Amersfoort geborenen und 1944 in New York gestorbenen Künstlers werden in den Ausstellungsräumen präsentiert. Aus der Schaffenszeit zwischen 1886 und 1908 zeigen sie beispielhaft die frühe Entwicklung Mondriaans von der gegenständlichen zur abstrakten Kunst. Klara Scheuren macht mit uns halt am Gemälde „Frauen mit Kind vor Bauernhof", das um 1894 bei Winterswijk entstand, und erläutert: „Schon hier wird deutlich, dass sich die Mauern und Dächer des Gehöftes aus einzelnen, rechteckigen Farbflächen zusammensetzen. Es sind Mondriaans erste Schritte auf dem Weg zu Abstraktion."
Beeindruckt von Piet Mondriaans frühen Werken schlendern wir anschließend durch Winterswijk. „Auf den Spuren Mondriaans" heißt der Weg zu einigen Stätten, die der junge Künstler in Zeichnungen und Gemälden festhielt. Vom Museum laufen wir nur ein paar Hundert Meter bis zur verwinkelten Nieuwstraat und dem Quartier Lappenbrink. Es war die Ecke der kleinen Geschäftsleute und der Textilarbeiter, die in Heimarbeit Textilien – die „Lappen" am Dorfplatz, dem „Brink" – herstellten. Mindestens fünfmal hielt Mondriaan den Lappenbrink aus verschiedenen Blickwinkeln fest.

3 Bauerngehöft in Woold
4 Häuserzeile Nieuwstraat

Kultur und Natur in Kombination, das hatten wir uns für das Wochenende im Achterhoek vorgenommen. Deshalb machen wir uns auf und wandern zusammen mit der Winterswijkerin Betty Wassink auf dem Kommiezenpatt. Benannt wurde der Wanderweg nach den „Kommiezen", den niederländischen Grenzpolizisten. „Heute kann sich kaum jemand vorstellen, in welchem Umfang hier an der Grenze in der Vergangenheit geschmuggelt wurde", erzählt uns Betty Wassink. Vor allem Kaffee und Zigaretten seien während der 1950er- und 1960er-Jahre in den Niederlanden viel preiswerter gewesen und lockten dementsprechend zum Schmuggeln an. Sogar Kühe und Kälber, Ferkel und Mastschweine wechselten bei Nacht und Nebel über die grüne Grenze, oftmals unbemerkt von den niederländischen Kommiezen sowie den deutschen Bundesgrenzschützern und Zöllnern – ein ganz heißes Pflaster, die grüne Grenze.

18 Kilometer lang ist die gesamte Wanderstrecke Kommiezenpatt. Viel zu lang für uns an diesem Samstagnachmittag. Betty Wassink kennt die Lösung für uns: „Wir fahren hinaus nach Ratum zum Bredelerweg und machen dort die kleine Rundtour. Das ist einer der vier Schleifenwege – zwischen fünf und 13 Kilometer lang – an der langen Wanderroute." Alte, verwitterte Grenzsteine kennzeichnen den Verlauf der Staatsgrenze Niederlande – Deutschland. Wurde hier geschmuggelt? Wassink: „Es gibt zwei Bauernhöfe, der eine steht in Winterswijk, der andere in Deutschland. Deren Scheunen und Stallungen liegen direkt nebeneinander, sodass Kälber schon mal unbemerkt über die Grenze wechseln konnten." Am späten Nachmittag verabschieden wir uns von Mevrouw Wassink und ihren Schmugglergeschichten, biegen ein paar Minuten später ein in den Rotweg zu unserem Nachtquartier De Borg – erneut ein idyllisches B&B (Bed and Breakfast) mit zwei hübschen Ferienapartments. Alternativ empfehlen wir das direkt am Marktplatz gelegene traditionsreiche Hotel Stad Munster.

Grenzstein in Winterswijk

1

2

Infos

Villa Mondriaan
Zonnebrink 4, NL-7101 NC Winterswijk
Tel. +31/543/51 54 00
www.villamondriaan.nl
Öffnungszeiten: Sommer Di–So 11–17 Uhr, Winter Fr–So 11–17 Uhr
Eintritt: Erwachsene 9 €, Kinder/Jugendliche bis 18 Jahre frei

Kommiezenpatt
Die genaue Wanderkarte dazu ist als PDF-Broschüre mit deutsch-niederländischer Beschreibung abrufbar über www.wandelbeeld.nl.
Da es direkt an der 18 Kilometer langen Strecke kein Gasthaus oder Café gibt, ist für diese Wanderung Rucksackverpflegung angesagt. Hoteliers in Winterswijk übernehmen nach vorheriger Absprache den Shuttle zum Start oder Ziel der Route, im Klosterdorf Barlo oder an der Gaststätte-Pension Saalmann, Großemast 43, 48691 Vreden.

1 Scheinbar endlose Radroute
2 Schilder zum Wanderweg Kommiezenpad

Übernachtungstipps

De Borg
Rotweg 8, NL-7106 EA Winterswijk-Ratum, Wim und Hermien te Brummelstroete
Tel. +31/543/56 22 79
www.deborgratum.nl

Hotel Stad Munster
Markt 11, NL-7101 DA Winterswijk
Tel. +31/543/51 21 21
www.stadmunster.nl

SAMSTAGABEND

Ruhig ist es in Ratum – Stille liegt über der Landschaft mit ihren grünen Wiesen und den Waldesecken. Zu still? Wir fahren zum Abendessen die paar Kilometer bis ins Stadtzentrum, wo es einige Einkehrmöglichkeiten gibt. Wir entscheiden uns für das Winterswijker Freibad. Freibad und Dinner? Ja – in der Strandlodge gibt's unten für die Badegäste Pommes am Kiosk, oben feine Speisen bester Qualität zu gehobenen Preisen von Sternekoch Mike Vrijdag aus regionalen Produkten zubereitet. Unbedingt hingehen und die Atmosphäre genießen nach dem Motto: nicht am Meer, aber dennoch am Strand.

Restaurant Strandlodge

Infos

Restaurant Strandlodge
Badweg 4, NL-7102 EG Winterswijk
Tel. +31/543/76 90 37, www.slww.nl
Öffnungszeiten: Sommer Mo ab 17 Uhr, Mi–So ab 11 Uhr, Winter Mi–So ab 11 Uhr

SONNTAGVORMITTAG

Diese Ruhe in Ratum – beinahe hätten wir verschlafen. Reichhaltig ist das Frühstück unseres Quartiers, schließlich heißt es Bed and Breakfast. Unser Ziel an diesem Sonntag ist das Zwillbrocker Venn, direkt an der Grenze und schon im deutschen Vreden gelegen.

1 Steinbruch Winterswijk
2 Grenzlanddenkmal bei Vreden-Zwillbrock

Doch zuvor machen wir noch Station an einem der wohl ungewöhnlichsten Plätze des Achterhoek – dem Winterswijker Steinbruch am Steengroeveweg. Den Weg dorthin haben wir im Tourismusbüro erfragt.

Eigentlich sind es mehrere Tagebaue: Mineralien für Asphalt und Beton werden abgebaut, doch nebenan die Grube ist seit vielen Jahren bereits Naturschutzgebiet mit seltenen Pflanzen und Kleinlebewesen. Heute Morgen können wir nicht in das Tief der Grube hinabsteigen, nur an einigen Tagen im Jahr wird sie geöffnet. Dann tummeln sich die Fossiliensammler hier, auf der Jagd nach den Spuren der Urzeit vor 240 Millionen Jahren.

Über Winterswijk-Meddo haben wir die Landstraße Groenlo – Vreden erreicht und nähern uns der letzten Station an diesem Wochenende, dem Naturschutzgebiet Zwillbrocker Venn.

SONNTAGNACHMITTAG

Zwillbrock, der Flecken besteht nur aus einer Handvoll Häuser, zwei Gasthäusern und der Barockkirche, die wir später noch besuchen werden. Zuerst aber heißt es am Parkplatz vor der Kirche – Wanderschuhe an und auf geht's über den mehr als sechs Kilometer langen sandigen Rundweg um das Venn, streckenweise direkt auf der deutsch-niederländischen Grenzlinie. Torf zum Heizen wurde hier von den Bauern bis in die 1970er-Jahre gestochen, zurück blieb ein flacher See – die Möwenheimat. Der Moorsee ist mit 5.000 Brutpaaren eine der größten und auch ältesten Lachmöwenkolonien im Binnenland. Darüber hinaus wird das Gewässer als nördlichster Brutplatz für rosa Flamingos mit etwa 60 Tieren bezeichnet. Bis heute weiß niemand genau zu sagen, woher die exotischen Vögel Ende der 1970er-Jahre

FLAMINGOROUTE

Diese Strecke ist etwas für den großen Urlaub per Fahrrad: Auf einer Länge von 450 Kilometern führt der Rundkurs durch das Achterhoek, das Westmünsterland und die Region Twente. Die Strecke verläuft auf deutscher Seite auf dem Radverkehrsnetz NRW, auf niederländischer Seite über die Ziffern des Fietsenroutennetzwerkes.

www.radverkehrsnetz.nrw.de
www.fietsroutenetwerk.nl

1

1 Heideflächen im Zwillbrocker Venn
2 Barockkirche in Zwillbrock
3 Innere Schönheit der Kirche

an den Torfsee kamen. Experten vermuten: Die Flamingos sind aus einem Tierpark oder Zoo ausgebüxt und leben seitdem in den Sommermonaten auf einer Insel des Vennsees. Natur und Kultur im Wechsel – das hat unsere Wochenendreise bestimmt. So zieht es die Kunstliebhaber weniger zu Möwen und Flamingos, sondern direkt in die ehemalige Klosterkirche St. Franziskus aus dem 18. Jahrhundert, die als schönste Barockkirche des Münsterlandes gilt. Äußerlich mit ihren dunkelroten Ziegelsteinen schlicht und unscheinbar eröffnet sich im Innern üppige barocke Pracht, die über Generationen alle Kriegswirren überstand. Statuen und Engelsfiguren prägen das Bild des reichen Hochaltars. Predigtkanzel und Orgel sind weitere edle Schmuckstücke des einschiffigen Gotteshauses. Als kostbarstes Möbel der Pfarrkirche haben Fachleute die Kommunionbank eingestuft – sie ist aus Nussbaumholz mit Intarsienarbeiten, die Motive der Eucharistie zeigen.

2

Infos

Biologische Station Zwillbrock e. V.
Zwillbrock 10, 48691 Vreden
Tel. 02564/986 00
www.bszwillbrock.de
Im Besucherzentrum informiert eine Ausstellung anschaulich über die Natur- und Kulturlandschaft der Region.
Öffnungszeiten: Osterferien–Oktober Mo–Fr 8–16.30 Uhr, Sa, So, Feiertage 12–17 Uhr, November–Osterferien Mo–Do 8–16.30 Uhr, Fr 8–14.30 Uhr
Eintritt: Erwachsene 2 €, Kinder 1 €, Familien 5 €

3

Barockkirche Zwillbrock
Zwillbrock 9, 48691 Vreden
Tel. 02564/96 82 30
www.barockkirche-zwillbrock.de

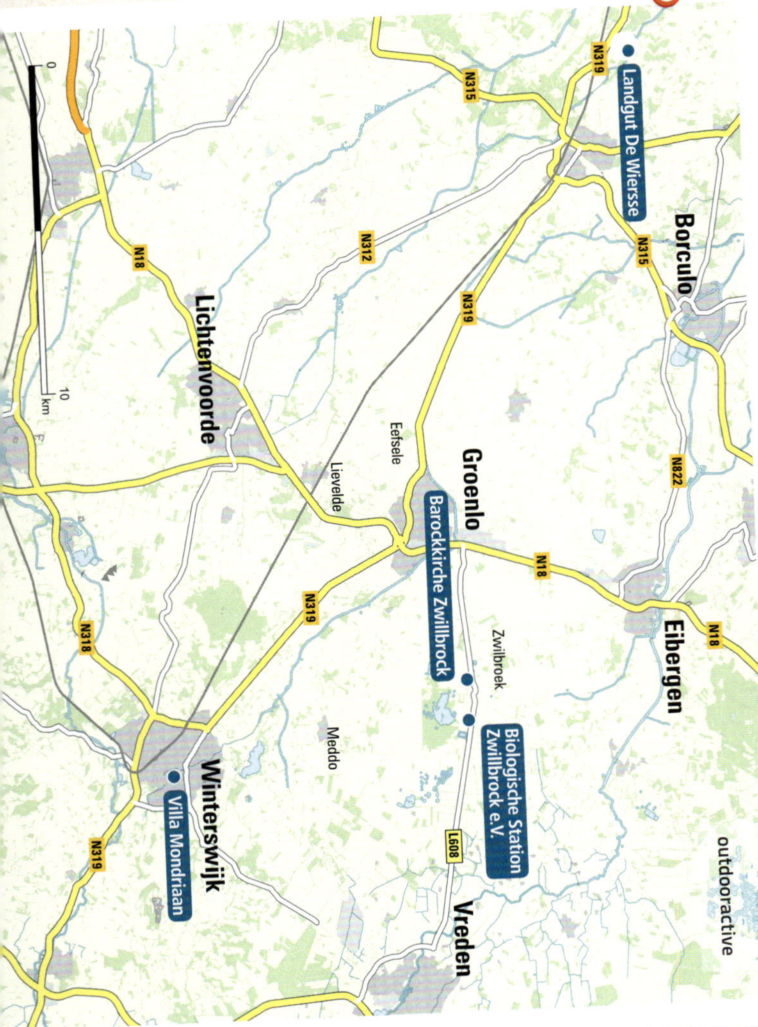

Region Achterhoek

VVV Winterswijk, Mevrouw Kuipers –
Rietbergplein 1, NL-7101 DD Winterswijk
Tel. +31/543/74 50 90
http://de.achterhoek.nl

Weitere touristische Angebote im Achterhoek

8-er de grens

„8-er de grens – hinter der Grenze", so heißen zwei Radrouten im Westmünsterland und dem niederländischen Achterhoek. „8-er de grens" hat eine doppelte Bedeutung. Süd- und Nordroute bilden eine Acht, wobei Oldenkott mit seinem touristischen Orientierungspunkt Nummer 19 – kurz genannt TOP – der Startplatz der beiden Routen ist. Die Nordroute ist 37 Kilometer lang, die Südroute 39 Kilometer – also gut für jeweils eine Tagestour per Fahrrad.

Entlang der Grenze zwischen Coevorden und Montferland gibt es 30 TOP's, an denen Radler ihr Auto gebührenfrei parken können. Alle TOP's sind durch Steinkegel und Flaggen – Deutschland, Niederlande, Europa – gekennzeichnet. Orientierungstafeln informieren dort jeweils über die verschiedenen Rad- und Wanderstrecken. In Niederländisch heißen die TOP's übrigens Toeristische Overstap Punten.

Die „8-er de grens"-Routen verbinden zum ersten Mal überhaupt das deutsche mit dem niederländischen Fahrradroutennetz. Dieses Netz unserer Nachbarn besteht aus Ziffern und sogenannten Knotenpunkten – Holländer radeln nach Zahlen, Deutsche nach Namensschildern.

Ausführliches Informationsmaterial ist in vielen Fällen in der Gastronomie an den TOPS's erhältlich.

Mühlenroute

500 Kilometer gekennzeichnete Radpisten gibt es allein im Stadtgebiet von Winterswijk. Eine der Strecken ist die Mühlenroute. Auf 41 Kilometern führt sie als Tagestour mit Einkehrmöglichkeiten unterwegs zu acht Wasser- und Windmühlen in der Kulissenlandschaft rund um das Stadtzentrum, so etwa in Woold zu Berenschot's Watermolen (Restaurant, Foto) und in Meddo zur Sevinkmühle (Pfannkuchen-Restaurant). Geradelt wird dabei nach Ziffern. Eine kleine Broschüre gibt es beim VVV Winterswijk (siehe Seite 232), wo auch Start und Ziel sind – am Knotenpunkt 14.

Huis Bergh

Die Geschichte der mächtigen Burganlage mit Graben und Festungswall beginnt im 13. Jahrhundert. Stammsitz der Grafen van den Bergh, ging die Anlage im 18. Jahrhundert an das Haus Hohenzollern-Sigmaringen. 1912 kaufte es der Industrielle Dr. Jan Herman van Heek aus Enschede und machte es zu weiten Teilen für die Öffentlichkeit zugänglich. Runder Turm und platter Turm – die beiden wehrhaften Türme von Huis Bergh – sind komfortable und extravagante Schlafquartiere. Die auf zwei Stockwerken gelegenen Suiten mit einer Wendeltreppe sind wie eine Ferienwohnung neuzeitlich eingerichtet mit Küchenzeile und Sonnenterrasse.

Hof van Bergh 8
NL-7041 AC 's-Heerenberg
Tel. +31/314/66 12 81
www.huisbergh.nl

Grenzlandmuseum Dinxperlo

Dinxperlo in den Niederlanden, auf der anderen Straßenseite Suderwick in Deutschland – ein Doppelort, viele Jahrhunderte bis zur Öffnung der europäischen Binnengrenzen 1993 getrennt, von 1939 bis 1949 sogar durch einen Stacheldrahtzaun. Kein Wunder, dass hier der Schmuggel blühte. Besonders in den Jahren nach dem Zweiten Weltkrieg waren Butter und Kaffee in den Niederlanden preiswerter – und wurden von der einen zur anderen Straßenseite an den Zöllnern vorbeigeschmuggelt. Von dieser Zeit erzählt die Ausstellung mit über 1.000 Exponaten im Grenzlandmuseum, das 1985 am Markt in Dinxperlo eröffnet wurde.

Markt 1b, NL-7091 CJ Dinxperlo
Tel. +31/315/65 18 73(Sekretariat)
und 65 62 45
www.grenslandmuseum.nl
Öffnungszeiten: 1. April–1. Juli Di–Sa 14–17 Uhr, 4. Juli–2. September Di–Sa 11–17 Uhr, 5. September–31. Oktober Di–Sa 14–17 Uhr
Eintritt: Erwachsene 3 €, Kinder 1 €

Freilichtmuseum Erve Kots

Wie war es früher auf den Bauernhöfen im Achterhoek? Diese Frage bekommen Besucher beantwortet beim Rundgang durch dieses sehenswerte Freilichtmuseum. Alte bäuerliche Handwerke, wie etwa die Fertigung von Holzschuhen oder Korbflechten, werden vorgeführt. Neben dem Museum gibt es eine Bauernkäserei und eine Mikrobrauerei, das Brouwhoes Lievelde.

Eimersweg 4, NL-7137 HG Lievelde
Tel. +31/544/37 16 91
www.ervekots.nl
Öffnungszeiten: tägl. 10–17 Uhr
Eintritt: Erwachsene 4,50 €,
Kinder 2,25 €

Klompenmuseum ’t Oale Ambacht

Am Nordrand des Achterhoek dreht sich in diesem Museum alles um die Geschichte und die Herstellung von Holzschuhen – den Klompen. Warm sind sie, klobig sind sie, haben Tradition und werden auch heute noch in mehreren Manufakturen im Achterhoek und westlichen Münsterland hergestellt.

Mulderskamp 2 c, NL-7471 Goor
Tel. +31/547/26 05 29
www.klompenmuseumgoor.nl
Öffnungszeiten: 1. April–31. Oktober
Di–Sa 13–16.30 Uhr und nach Vereinbarung
Eintritt: Erwachsene 2,50 €, Kinder 1 €

Huis Bingerden

Gartenliebhaber notieren schon zu Jahresbeginn diesen Termin – die internationalen Pflanzentage in den historischen Gärten auf Bingerden. Seit über 20 Jahren öffnet das Landgut jeweils im Juni an einem Wochenende seine Tore. Gärtner aus den Niederlanden, Deutschland und vor allem aus England präsentieren ihre Pflanzen zum Verkauf und beraten die Besucher bei allen Fragen rund um das Gartengrün. An den Tagen gibt es Führungen in kleinen Gruppen, angeboten von Mitgliedern der „Nederlandse Dendrologische Vereniging". Bingerden ist eines der ältesten Landgüter in den Niederlanden und seit 1660 in Familienbesitz. Die heutigen Gutsherrinnen und Gartenliebhaberinnen Eugenie und Constance van Weede haben die Pflanzentage ins Leben gerufen.

Bingerdenseweg 21, NL-6986 CE Angerlo
Tel. +31/313/48 42 38
www.bingerden.com
Termine: bitte auf Website einsehen

Eintritt Pflanzentage: Erwachsene 12 €, Kinder bis 30 Jahre frei

Lindearboretum

180 verschiedene Arten von Lindenbäumen wachsen in diesem einzigartigen Landschaftsgarten in der Winterswijker Bauernschaft Corle. Das 14 Hektar große Gelände mit Informationstafeln, Bächen, Spazierwegen und Brücken ist tagsüber frei zugänglich.

Meenkmolenweg 33, NL-7119 AH
Winterswijk Corle
www.lindearboretum.nl
Kontakt: Lindearboretum
Koopmanslaan 4, Postbus 348
NL-7000 AH Doetinchem
Tel. +31/314/78 74 08
E-Mail: henkkip@planet.nl
Führungen: für Gruppen auf Anfrage, p. P. 5 €

Mallumse Molen

In der historischen Wassermühle an der Berkel außerhalb von Eibergen wird samstags ab 14 Uhr von Mühlenfreunden Mehl gemahlen.
Der Verein „Stichting De Berkelzomp" fährt Touristen mit dem Nachbau eines historischen Berkelkahns von der Mühle bis Eibergen. Die Vereinsmitglieder erinnern damit an die goldene Schifferzeit auf der Berkel: Zwischen 1820 und 1850 verkehrten rund 200 Frachtschiffe auf dem 110 Kilometer langen Fluss.

Mallumse Molenweg 37
NL-7152 AV Eibergen
www.eibergsemolens.nl

Stichting De Berkelzomp
Koeweidepad 2, NL-7151 BX Eibergen
Tel. +31/545/47 19 11
www.stichtingberkelzomp.nl
Termine: 1. April–Oktober Sa, So,
Buchungen über VVV Eibergen
Grotestraat 59, NL-7151 BB Eibergen
Tel. +31/545/77 19 11
www.ineiberger.nl

1 Im Kahn: zwei Berkelschiffer
2 In Fahrt: Radler bei Zwillbrock
3 Im Rahmen: Mondriaan, Winterswijk

Bildnachweis

Bad Berleburg-Tourismus GmbH: 105
Emsland Touristik GmbH: 10, 11 Nr. 1 und 3
Fotolia/herbert frost: 46 u.
Fotalia/pure-life-pictures: 31
Fotolia/Thomas Leonhardy: 46 o.
Fotolia/tirachard: Motiv „Notizzettel" und Hintergrundmotiv „Packpapier"
Fotolia/ug: Motiv „Etikett"
Fotolia/Waldteufel: 46 M.
Marien Graw, Rehburg-Loccum: 29, 30
Dominik Ketz, Bad Neuenahr für Hunsrück-Touristik GmbH: 146
Cindy Kinze: 6/7, 148, 152, 153, 239, hintere Umschlagklappe innen
Kröller-Müller Museum: 210, 211 Nr. 4 und 5
Krombacher Brauerei GmbH & Co. KG: 109 Nr. 1 und 2
Kulturland Kreis Höxter: 49, 53, 55 Nr. 2, 57, 60 Nr. 1, 69
Lingen Wirtschaft und Tourismus: 11 Nr. 2
Papenburg Tourismus GmbH: 21
Friedrich Stark, Dortmund: 240
Stichting Vesting Bourtange: 23
Touristikverein Twist e. V.: 13
Alle übrigen Bilder von Bernd F. Meier

Rauschend: Bachlauf im Luxemburger Müllerthal

Bernd F. Meier

Bernd F. Meier war über 25 Jahre PR-Manager im größten Kölner Industrieunternehmen. Der Journalist aus Hilden bereist gemeinsam mit seiner Frau Christine Landschaften in Deutschland und Europa. Dabei suchen die beiden ebenso nach originellen Plätzen, Wander- und Fahrradrouten wie nach schönen Restaurants und Hotels. Im J.P. Bachem Verlag erschienen von Bernd F. Meier bereits die beiden erfolgreichen Bände „Die schönsten Wochenendausflüge in Nordrhein-Westfalen".